ETF, Crypto, Immo

Le guide pour un patrimoine diversifié

Dennis Abelovitz

Copyright © 2024 Dennis Abelovitz

Tous droits réservés.

TABLE DES MATIÈRES

1. Les Fondamentaux 6
   Définition de l'investissement 6
   Principes de base 9
   Risques et les rendements 14
2. Les ETF 18
   Qu'est-ce qu'un ETF ? 18
   Avantages et inconvénients 25
   Stratégies d'investissement 31
3. Les Cryptomonnaies 42
   Fondamentaux et blockchain 42
   Principales cryptomonnaies 48
   Risques et les opportunités 52
4. L'Immobilier 57
   Les différents types d'investissement 57
   Avantages fiscaux et financiers 65
   Stratégies 69
5. Les Opportunités Émergentes 81
   Les secteurs d'avenir 81
   L'investissement durable et responsable 88
   Repérer et saisir les opportunités 91
6. Les Nouvelles Voies 95
   Les matières premières 95
   Les œuvres d'art et les objets de collection 98
   Les startups et les entreprises en croissance 103

Avertissement

Les informations fournies dans ce livre sont uniquement à titre informatif et ne doivent pas être interprétées comme des conseils en investissement. Les lecteurs sont encouragés à consulter des professionnels qualifiés avant de prendre des décisions financières.

Les performances passées ne garantissent pas les résultats futurs et les investissements comportent des risques, y compris la perte éventuelle du capital investi. L'auteur ne garantit ni l'exactitude ni l'exhaustivité des informations fournies, et décline toute responsabilité pour les pertes ou dommages découlant de leur utilisation.

Enfin, les lecteurs sont invités à effectuer leurs propres recherches et à évaluer attentivement leur tolérance au risque, leurs objectifs d'investissement et leur horizon temporel avant de prendre des décisions d'investissement.

CHER INVESTISSEUR,

Vous êtes-vous déjà demandé ce que l'avenir vous réservait sur le plan financier ? Moi, j'ai passé des années à me poser cette question, et j'ai décidé de chercher les réponses les plus pertinentes.

Au départ, mon intérêt pour l'investissement était égoïste - je voulais assurer mon propre avenir financier. Mais au fil du temps, ma passion s'est transformée en un désir ardent de partager mes découvertes. Pourquoi garder toutes ces informations pour moi lorsque je pouvais les partager avec d'autres, désireux de comprendre et de prospérer dans le monde de l'investissement ?

Dans ce livre, je vous emmène dans un voyage à travers les méandres de l'investissement. Des astuces pour démarrer votre portefeuille d'investissement aux analyses éclairées des tendances du marché, vous trouverez ici une mine d'informations captivantes et pratiques.

Que vous soyez un débutant cherchant à faire ses premiers pas ou un investisseur chevronné à la recherche de nouvelles idées, ce livre est fait pour vous. Attachez votre ceinture, car l'aventure commence maintenant !

Dennis

1. LES FONDAMENTAUX

Définition de l'investissement

Bienvenue dans le premier chapitre de notre voyage à travers le monde de l'investissement ! Dans ce chapitre, nous allons jeter les bases en explorant ce qu'est réellement l'investissement et les différentes options d'actifs disponibles pour les investisseurs. En tant que passionné d'investissement et fervent défenseur de la gestion financière responsable, permettez-moi de partager avec vous quelques conseils avisés pour vous aider à naviguer dans ce monde complexe mais fascinant.

Avant de plonger dans les détails, commençons par définir ce qu'est réellement l'investissement. Pour moi, l'investissement est bien plus qu'une simple transaction financière. C'est un engagement stratégique dans lequel vous placez judicieusement vos ressources financières dans des actifs avec l'objectif de réaliser un bénéfice futur. Mais attention, l'investissement n'est pas sans risque. Il implique souvent une certaine dose de risque, et il est essentiel de comprendre ces risques avant de vous lancer.

Maintenant que nous avons une meilleure

compréhension de ce qu'est l'investissement, explorons les différentes options d'actifs disponibles pour les investisseurs :

Actions (ou titres de propriété) : Les actions représentent une part de propriété dans une entreprise. Investir dans des actions peut offrir un potentiel de croissance significatif, mais cela vient avec une volatilité accrue. Mon conseil : Diversifiez votre portefeuille en investissant dans des entreprises de différents secteurs pour réduire le risque.

Obligations (ou titres de créance) : Les obligations sont des titres de créance émis par des entités pour lever des fonds. Elles offrent un flux de revenu régulier sous forme d'intérêts, mais avec un rendement potentiellement inférieur à celui des actions. Mon conseil : Considérez les obligations comme un élément de stabilité dans votre portefeuille, surtout si vous avez une tolérance au risque plus faible.

Fonds Communs de Placement : Les fonds communs de placement regroupent les fonds de plusieurs investisseurs pour acheter un panier diversifié d'actifs. Ils offrent une diversification instantanée et sont gérés par des professionnels. Mon conseil : Faites des recherches sur les différents fonds disponibles et choisissez celui qui correspond le mieux à vos objectifs et tolérance au risque.

Fonds négociés en bourse (ETF) : Les ETF sont

similaires aux fonds communs de placement, mais sont négociés en bourse comme des actions. Ils offrent une grande liquidité et une exposition à un large éventail de marchés. Mon conseil : Utilisez les ETF pour diversifier votre portefeuille de manière rentable et flexible.

Biens Immobiliers : L'investissement immobilier implique l'achat, la détention et la gestion de biens immobiliers. Cela peut offrir un flux de revenu passif et une appréciation à long terme, mais cela nécessite souvent un engagement financier important et une gestion active. Mon conseil : Soyez prêt à consacrer du temps et de l'énergie à la gestion de vos investissements immobiliers, et assurez-vous de bien comprendre le marché local.

Matières Premières : Les matières premières telles que l'or, le pétrole, etc., peuvent également être des actifs d'investissement. Ils peuvent servir de couverture contre l'inflation et la volatilité du marché, mais ils comportent également des risques spécifiques liés à leur nature physique. Mon conseil : Utilisez les matières premières comme un élément de diversification de votre portefeuille, mais n'en faites pas la seule composante.

Cryptomonnaies : Les cryptomonnaies offrent des opportunités d'investissement pour les investisseurs recherchant des actifs à haut rendement, bien que souvent accompagnées d'une volatilité élevée. Mon conseil : Familiarisez-vous avec les particularités et les risques associés aux cryptomonnaies avant d'investir, et n'envisagez d'allouer qu'une partie de votre portefeuille à ces actifs.

L'investissement est un voyage passionnant et potentiellement lucratif. En comprenant les différents types d'actifs disponibles et en suivant quelques principes de base de gestion financière, vous pouvez vous positionner pour atteindre vos objectifs financiers à long terme. Restez prudent, faites preuve de diligence raisonnable et n'oubliez pas que la diversification est la clé d'une gestion de portefeuille réussie.

Principes de base

En tant que guide dans ce voyage financier, laissez-moi vous partager quelques conseils précieux qui vous aideront à construire un portefeuille solide et équilibré pour réaliser vos objectifs financiers.

La diversification est un concept essentiel en investissement qui consiste à répartir vos ressources financières sur différents types d'actifs afin de réduire le risque global de votre portefeuille. En d'autres termes, ne pas mettre tous vos œufs dans le même panier. La diversification permet de limiter l'impact négatif d'une seule mauvaise performance d'actif sur l'ensemble de votre portefeuille.

Imaginez que vous avez un panier d'investissements avec des actions de différentes entreprises, des obligations de divers émetteurs, des biens immobiliers et peut-être même quelques cryptomonnaies. Si l'une de ces classes d'actifs connaît une baisse de valeur, les autres peuvent potentiellement compenser cette perte, réduisant ainsi l'impact global sur votre portefeuille.

L'allocation d'actifs consiste à déterminer la répartition optimale de vos ressources financières entre différentes classes d'actifs en fonction de vos objectifs financiers, de votre tolérance au risque et de votre horizon temporel. Il s'agit d'une étape cruciale dans la construction d'un portefeuille équilibré et bien diversifié.

L'une des règles de base de l'allocation d'actifs est la règle des 3P : Prévoir, Protéger et Prospérer. Prévoir en définissant vos objectifs financiers à court, moyen et long terme. Protéger en évaluant votre tolérance au risque et en choisissant des actifs qui correspondent à votre profil d'investisseur. Et enfin, Prospérer en recherchant des opportunités de croissance tout en maintenant une gestion prudente des risques.

Maintenant que vous comprenez l'importance de la diversification et de l'allocation d'actifs, voici quelques conseils pratiques pour mettre en œuvre ces principes dans votre propre portefeuille :

Diversifiez à travers différentes classes d'actifs

Investir dans une seule classe d'actifs peut exposer votre portefeuille à un risque spécifique lié à cette classe. Pour réduire ce risque, diversifiez votre portefeuille à travers différentes classes d'actifs. Cela signifie ne pas se limiter aux actions ou aux obligations, mais plutôt explorer une gamme variée d'options telles que l'immobilier, les matières premières et les cryptomonnaies.

Immobilier : L'investissement immobilier offre des avantages tels que les revenus locatifs et l'appréciation à long terme de la valeur des propriétés. En investissant dans l'immobilier, vous ajoutez une composante tangible à votre portefeuille et pouvez bénéficier de la diversification par rapport aux marchés financiers.

Matières premières : Les matières premières telles que l'or, le pétrole et les métaux précieux peuvent servir de couverture contre l'inflation et la volatilité des marchés financiers. En incluant des matières premières dans votre portefeuille, vous diversifiez vos investissements et réduisez votre exposition aux risques spécifiques à un secteur ou à une classe d'actifs.

Cryptomonnaies : Bien que les cryptomonnaies présentent un risque élevé en raison de leur volatilité, elles offrent également un potentiel de rendement élevé. En investissant dans les cryptomonnaies, vous pouvez diversifier votre portefeuille et accéder à un marché en plein essor avec un potentiel de croissance significatif.

Diversifiez à l'intérieur de chaque classe d'actifs

Même au sein d'une classe d'actifs spécifique, il est important de diversifier pour réduire le risque spécifique à cette classe. Par exemple, si vous investissez dans des actions, diversifiez à travers différents secteurs industriels, tailles d'entreprises et géographies.

Secteurs industriels : Les différentes industries peuvent réagir différemment aux conditions économiques et aux cycles de marché. En investissant dans divers secteurs tels que la technologie, la santé, les services financiers, etc., vous réduisez votre exposition à un secteur spécifique et augmentez la résilience de votre portefeuille.

Tailles d'entreprises : Les grandes entreprises ont tendance à être plus stables mais offrent un potentiel de croissance plus limité, tandis que les petites entreprises peuvent offrir un potentiel de croissance plus élevé mais sont également plus volatiles. En investissant dans une gamme de tailles d'entreprises, vous équilibrez le risque et le rendement de votre portefeuille.

Géographies : Les marchés internationaux peuvent offrir des opportunités de rendement différentes des marchés nationaux. En diversifiant votre portefeuille à travers différentes régions géographiques, vous réduisez votre dépendance à l'économie d'un seul pays et profitez des opportunités de croissance mondiale.

Rééquilibrez régulièrement votre portefeuille

Les marchés financiers sont dynamiques et la répartition de votre portefeuille peut changer avec le temps en raison des fluctuations du marché. Pour maintenir votre allocation cible et votre profil de risque, il est important de rééquilibrer périodiquement votre portefeuille.

Rééquilibrez selon votre allocation cible : Déterminez une allocation cible pour chaque classe d'actifs en fonction de vos objectifs financiers et de votre tolérance au risque. Rééquilibrez votre portefeuille lorsque la répartition des actifs s'écarte significativement de cette allocation cible.

Profitez des opportunités de marché : Le rééquilibrage périodique de votre portefeuille vous permet également de profiter des opportunités de marché. En vendant des actifs surperformants et en achetant des actifs sous-performants, vous achetez bas et vendez haut, ce qui peut améliorer les rendements à long terme de votre portefeuille.

Restez fidèle à votre plan

Enfin, restez fidèle à votre plan d'investissement à long terme et évitez d'être influencé par les fluctuations à court terme du marché. Gardez à l'esprit vos objectifs financiers et maintenez une discipline d'investissement solide, même lorsque les marchés sont volatils ou incertains.

Gardez un œil sur l'horizon à long terme : Les marchés financiers peuvent être imprévisibles à court terme, mais ont tendance à se stabiliser et à offrir des rendements positifs à long terme. Restez concentré sur vos objectifs à long terme et ne laissez pas les fluctuations à court terme vous distraire de votre trajectoire financière.

Évitez le market timing : Essayer de prédire les mouvements du marché à court terme est extrêmement difficile, voire impossible. Au lieu de cela, maintenez une stratégie d'investissement à long terme et évitez de céder à la tentation du market timing, qui peut entraîner des décisions coûteuses et émotionnellement

Risques et les rendements

L'objectif est de comprendre en profondeur la volatilité et le rendement espéré, deux concepts essentiels qui guident les décisions des investisseurs à travers les fluctuations des marchés financiers. Nous explorerons ces notions avec rigueur, en utilisant des définitions précises, des formules mathématiques et des exemples détaillés pour vous fournir une compréhension approfondie de ces concepts cruciaux.

La volatilité est une mesure fondamentale qui quantifie l'ampleur des variations des prix d'un actif financier sur une période donnée. La volatilité sur le marché financier peut être comparée à une montagne russe : elle mesure simplement la variation des prix d'un actif sur une période donnée. Pour les initiés, elle peut être calculée à l'aide de l'écart-type des rendements de l'actif. En termes simples, plus les prix montent et descendent rapidement, plus la volatilité est élevée.

Prenons un exemple : imaginez que vous possédiez des actions dans une entreprise technologique. Un jour, le prix des actions monte en flèche en raison d'une annonce de produit excitante, puis le lendemain, il plonge en raison d'une mauvaise nouvelle économique. C'est là que vous pouvez observer la volatilité en action.

Elle est essentielle pour évaluer le niveau de risque associé à un investissement et pour comprendre la nature dynamique des marchés financiers. Pour calculer la volatilité, nous utilisons généralement l'écart-type des rendements de l'actif, une mesure statistique qui indique la dispersion des rendements par rapport à leur moyenne.

La volatilité est essentielle pour évaluer le niveau de risque d'un actif financier. Plus la volatilité est élevée, plus le risque associé à cet actif est important. Elle reflète également la réactivité des investisseurs aux changements économiques, politiques et financiers.

Le rendement espéré est une estimation de la rentabilité moyenne anticipée d'un actif financier sur une période donnée. Il est crucial pour les investisseurs dans la prise de décision et la gestion de leur portefeuille. Le rendement espéré peut être calculé à l'aide de diverses méthodes, y compris la moyenne des rendements historiques de l'actif et des modèles mathématiques plus complexes.

Le rendement espéré est une mesure importante pour évaluer la rentabilité potentielle d'un investissement. Il tient compte à la fois des rendements passés et des anticipations futures des investisseurs.

Par exemple, si vous investissez dans des obligations d'État, votre rendement espéré pourrait être basé sur le taux d'intérêt fixé par le gouvernement. Cependant, il est important de noter que le rendement espéré est souvent associé au niveau de risque. En règle générale, les actifs plus risqués ont tendance à offrir des rendements espérés plus élevés pour compenser le niveau de risque supplémentaire encouru par les investisseurs.

Supposons que vous envisagiez d'investir dans des

obligations d'État dont le rendement moyen historique est de 3%. Dans ce cas, le rendement espéré de vos obligations serait de 3%.

Dans les prochains chapitres, nous explorerons comment ces concepts peuvent être appliqués de manière pratique dans la gestion de votre portefeuille d'investissement. Nous aborderons des stratégies de diversification, des méthodes pour évaluer le rendement potentiel des différents types d'actifs, ainsi que des techniques de gestion des risques pour protéger votre capital. En comprenant pleinement la volatilité et le rendement espéré, vous serez mieux préparé à naviguer dans les fluctuations du marché et à prendre des décisions éclairées qui correspondent à vos objectifs financiers à long terme.

2. LES ETF

Vous avez probablement entendu parler des ETF (Exchange-Traded Funds) dans le cadre de vos discussions sur l'investissement. Peut-être que certains de vos amis en ont déjà acheté ou que vous avez envisagé d'en acquérir. Mais qu'est-ce qu'un ETF exactement et comment fonctionne-t-il ? Dans cette partie de notre exploration de l'univers de l'investissement, nous allons plonger dans le monde des ETF pour vous donner une compréhension claire et pratique de ce qu'ils sont, comment ils opèrent, et comment vous pouvez les intégrer à votre stratégie financière.

Qu'est-ce qu'un ETF ?

Pour commencer, imaginez un panier rempli d'actions, d'obligations ou d'autres actifs financiers. Un ETF est essentiellement ce panier. Il regroupe un ensemble d'actifs similaires - comme des actions d'une même industrie, des obligations gouvernementales ou des matières premières - et les regroupe en un seul titre négociable sur une bourse. Mais pourquoi est-ce important ?

Imaginez que vous voulez investir dans le secteur technologique, mais vous n'êtes pas sûr de quelle entreprise choisir. Plutôt que d'acheter des actions individuelles de plusieurs entreprises technologiques, vous pouvez investir dans un ETF technologique qui détient déjà un panier d'actions de ces entreprises. Cela vous permet de diversifier votre investissement sans avoir à choisir des actions individuelles, ce qui peut être complexe et risqué.

Maintenant que vous comprenez ce qu'est un ETF, examinons certains de ses avantages :

Diversification instantanée : Comme mentionné précédemment, un ETF vous permet de diversifier votre portefeuille en un seul trade. Cela réduit le risque lié à la détention d'actions individuelles.

Frais généralement bas : Les ETF ont tendance à avoir des frais de gestion inférieurs à ceux des fonds communs de placement traditionnels, ce qui signifie que vous conservez plus de vos rendements.

Liquidité élevée : Comme les ETF se négocient en bourse tout au long de la journée, vous pouvez acheter et vendre des parts à tout moment, offrant une liquidité élevée par rapport à d'autres types d'investissements.

Maintenant que vous comprenez les avantages, explorons comment les ETF fonctionnent réellement. Prenons l'exemple d'un ETF qui suit l'indice S&P 500, un indice boursier composé des 500 plus grandes entreprises américaines.

Lorsque vous achetez des parts de cet ETF, l'argent que vous investissez est utilisé pour acheter une proportion des actions de chaque entreprise figurant dans l'indice. Ainsi, si une entreprise représente 2% de l'indice S&P 500, 2% de votre investissement dans l'ETF sera utilisé pour acheter des actions de cette entreprise. Cela signifie que votre performance suit étroitement celle de l'indice sous-jacent.

Maintenant que vous comprenez comment fonctionnent les ETF, vous vous demandez peut-être comment choisir celui qui vous convient le mieux. Voici quelques points à considérer :

Objectif d'investissement : Déterminez quel est votre objectif d'investissement. Voulez-vous vous exposer à un secteur spécifique, à une région géographique ou à un marché particulier ?

Frais : Comparez les frais de différents ETF. Même de petites différences de frais peuvent avoir un impact significatif sur vos rendements à long terme.

Suivi de l'indice : Assurez-vous que l'ETF suit fidèlement l'indice ou le segment de marché qu'il prétend représenter. Une bonne façon de le vérifier est de comparer la performance de l'ETF à celle de son indice de référence sur une période prolongée.

Aussi, il importante de se familiariser avec quelques notions basiques concernant les marchés financiers :

Marché primaire : Le marché où les nouvelles actions sont émises pour la première fois par une entreprise, généralement via une introduction en bourse (IPO).

Marché secondaire : Le marché où les actions déjà émises sont échangées entre investisseurs, sans implication directe de l'entreprise émettrice.

Analyse fondamentale : Une méthode d'évaluation des actions qui se concentre sur les données financières et opérationnelles de l'entreprise, telles que les bénéfices, les revenus et les ratios financiers.

Analyse technique : Une méthode d'analyse des actions qui se concentre sur les modèles de prix passés et les tendances du marché pour prévoir les mouvements futurs des prix.

A présent, revenons aux ETF. Imaginons que vous souhaitiez investir dans le secteur technologique, mais vous ne savez pas quelle entreprise choisir parmi les géants de la tech comme Apple, Microsoft, Amazon et Google. Plutôt que de prendre le risque de parier sur une seule entreprise, vous décidez d'investir dans un ETF technologique qui suit l'indice NASDAQ-100, un indice boursier composé des 100 plus grandes entreprises non financières cotées sur le NASDAQ.

Supposons que vous investissiez 10 000 € dans un ETF technologique spécifique. Voici comment votre investissement pourrait être réparti dans les principales entreprises du NASDAQ-100, avec les pourcentages correspondants basés sur la pondération de ces entreprises dans l'indice :

Apple (AAPL) : 20% de l'indice
Microsoft (MSFT) : 15% de l'indice
Amazon (AMZN) : 10% de l'indice
Google (Alphabet Inc.) : 9% de l'indice
Facebook (FB) : 4% de l'indice
Tesla (TSLA) : 3% de l'indice

En appliquant ces pourcentages à votre investissement de 10 000 €, votre répartition initiale pourrait ressembler à ceci :

Apple (AAPL) : 20% de 10 000 € = 2 000 €
Microsoft (MSFT) : 15% de 10 000 € = 1 500 €
Amazon (AMZN) : 10% de 10 000 € = 1 000 €
Google (Alphabet Inc.) : 9% de 10 000 € = 900 €
Facebook (FB) : 4% de 10 000 € = 400 €
Tesla (TSLA) : 3% de 10 000 € = 300 €

Ainsi, en investissant dans cet ETF technologique, vous détenez maintenant des parts de ces entreprises technologiques sans avoir à acheter chaque action individuellement. Si la valeur de l'indice NASDAQ-100 augmente, la valeur de votre investissement dans l'ETF augmentera également proportionnellement. De même, si la valeur de l'indice diminue, la valeur de votre investissement diminuera également.

Cet exemple illustre comment un ETF peut vous permettre de diversifier votre portefeuille en investissant dans un large éventail d'entreprises avec un seul investissement, tout en suivant étroitement la performance d'un indice spécifique.

Prenons un autre exemple d'investissement dans un ETF qui suit un indice boursier mondial, comme le MSCI World Index, qui représente les performances des marchés boursiers développés du monde entier.

Supposons que vous décidiez d'investir 20 000 € dans un ETF qui suit le MSCI World Index. Voici comment votre investissement pourrait être réparti dans les principales régions du monde, avec les pourcentages correspondants basés sur la pondération de ces régions dans l'indice :

États-Unis : 65% de l'indice
Europe : 20% de l'indice
Asie-Pacifique : 10% de l'indice
Autres : 5% de l'indice

En appliquant ces pourcentages à votre investissement de 20 000 €, votre répartition initiale pourrait ressembler à ceci :

États-Unis : 65% de 20 000 € = 13 000 €
Europe : 20% de 20 000 € = 4 000 €
Asie-Pacifique : 10% de 20 000 € = 2 000 €
Autres : 5% de 20 000 € = 1 000 €

Ainsi, en investissant dans cet ETF qui suit le MSCI World Index, vous détenez maintenant des parts dans des milliers d'entreprises à travers le monde, couvrant une diversité de secteurs et de régions géographiques. Cela vous permet de bénéficier de la croissance économique mondiale sans avoir à choisir individuellement des actions dans chaque marché.

Si l'économie mondiale prospère, la valeur de votre investissement dans cet ETF augmentera généralement en conséquence. Cependant, si certaines régions ou secteurs connaissent des difficultés, cela peut affecter la performance de votre investissement. C'est pourquoi il est important de surveiller régulièrement votre portefeuille et de rééquilibrer si nécessaire pour maintenir une allocation d'actifs appropriée en fonction de vos objectifs financiers et de votre tolérance au risque.

Les ETF offrent aux investisseurs un moyen efficace et abordable de diversifier leur portefeuille et de suivre divers marchés et secteurs. En comprenant les bases des ETF, leurs avantages et leur fonctionnement, vous pouvez prendre des décisions éclairées pour intégrer ces instruments financiers puissants à votre stratégie d'investissement. Que vous soyez un débutant en investissement ou un investisseur expérimenté, les ETF offrent une flexibilité et une accessibilité qui peuvent enrichir votre portefeuille financier.

Avantages et inconvénients

Les ETF et les fonds communs de placement présentent chacun des avantages et inconvénients. Dans cette partie, nous allons examiner de près les avantages et les inconvénients des ETF par rapport aux fonds communs de placement. En comprenant ces différences, vous serez mieux équipé pour prendre des décisions éclairées sur la manière de structurer votre portefeuille d'investissement.

Avantages des ETF par rapport aux fonds communs de placement

Frais généralement inférieurs : Les ETF ont tendance à avoir des frais de gestion plus bas que les fonds communs de placement. En effet, les ETF sont souvent conçus pour suivre passivement un indice, ce qui réduit les coûts de gestion. Ces frais réduits signifient que vous conservez davantage de vos rendements au fil du temps.

Liquidité élevée : Les ETF se négocient en bourse tout au long de la journée, ce qui signifie que vous pouvez acheter et vendre des parts à tout moment pendant les heures de marché. En revanche, les fonds communs de placement sont généralement achetés et vendus à la valeur liquidative de clôture à la fin de la journée de trading, ce qui peut entraîner un manque de flexibilité pour les investisseurs.

Transparence accrue : Les ETF divulguent généralement leur portefeuille d'actifs quotidiennement, ce qui offre une transparence accrue aux investisseurs. Vous savez exactement ce que vous possédez à tout moment. En revanche, les fonds communs de placement divulguent leur portefeuille moins fréquemment, ce qui peut entraîner une opacité accrue pour les investisseurs.

Flexibilité dans les ordres de trading : Avec les ETF, vous pouvez passer différents types d'ordres de trading, tels que les ordres au marché, les ordres à seuil de déclenchement et les ordres limités, ce qui vous donne un contrôle accru sur le prix auquel vous achetez ou vendez vos parts. Les fonds communs de placement ne permettent généralement que les ordres au marché à la valeur liquidative de clôture.

Inconvénients des ETF par rapport aux fonds communs de placement

Possibilité de prime ou de décote : Étant donné que les ETF se négocient en bourse, leur prix peut fluctuer par rapport à la valeur nette d'inventaire (VNI) de leurs actifs sous-jacents. Cela peut entraîner des primes ou des décotes par rapport à la valeur réelle de l'actif, ce qui peut être un inconvénient pour les investisseurs.

Difficulté à investir de petits montants : Certaines plates-formes de courtage peuvent facturer des frais pour l'achat ou la vente d'ETF, ce qui peut rendre difficile pour les investisseurs avec de petits montants à investir dans ces véhicules. En revanche, de nombreux fonds communs de placement permettent des investissements fractionnaires, ce qui facilite l'investissement de petits montants.

Complexité potentielle : Alors que de nombreux ETF sont conçus pour suivre passivement un indice, certains peuvent être plus complexes, utilisant des stratégies de trading plus sophistiquées telles que l'utilisation de produits dérivés. Cela peut rendre certains ETF plus difficiles à comprendre pour les investisseurs novices.

Voici une présentation des principaux ETF disponibles sur le marché, accompagnée d'un tableau résumant leurs principales caractéristiques :

ETF	Objectif	Frais	Liquidité	Secteur
SPDR S&P 500 ETF (SPY)	Suivre le S&P 500	Faibles	Élevée	Actions américaines
iShares MSCI Emerging Markets ETF (EEM)	Suivre les marchés émergents	Modérés	Variable	Marchés émergents
Vanguard Total Stock Market ETF (VTI)	Diversification sur le marché boursier américain	Très bas	Élevée	Actions américaines
Invesco QQQ Trust (QQQ)	Suivre le NASDAQ-100	Modérés	Élevée	Actions américaines
SPDR Gold Shares (GLD)	Suivre le prix de l'or	Modérés	Élevée	Métaux précieux

Exemples d'ETF : objectif, frais, liquidité et secteurs couverts.

Ces ETF offrent une gamme diversifiée d'options d'investissement, couvrant divers secteurs et régions géographiques. Il est important de tenir compte des objectifs d'investissement personnels, des frais, de la liquidité et du secteur d'exposition avant de choisir un ETF pour votre portefeuille.

Les ETF sont créés et gérés par des entités appelées émetteurs d'ETF. Ces émetteurs sont souvent des sociétés de gestion d'actifs, des institutions financières ou des banques d'investissement qui conçoivent, lancent et administrent les ETF. Explorons à présent les principaux émetteurs internationaux d'ETF.

BlackRock est l'un des plus grands gestionnaires d'actifs au monde et est connu pour sa gamme d'ETF iShares. Avec une vaste sélection d'ETF couvrant un large éventail de classes d'actifs et de stratégies d'investissement, iShares est l'un des émetteurs d'ETF les plus réputés et les plus utilisés par les investisseurs du monde entier.

Vanguard est une autre grande société de gestion d'actifs qui propose une gamme d'ETF populaire. Connu pour ses frais bas et son approche axée sur les investisseurs à long terme, Vanguard offre une variété d'ETF qui couvrent divers marchés et secteurs, aidant les investisseurs à construire des portefeuilles bien diversifiés.

SPDR, ou State Street Global Advisors, est un autre

émetteur d'ETF majeur, offrant une large gamme d'ETF sous la marque SPDR. Le SPDR S&P 500 ETF (SPY) est l'un de leurs produits les plus connus, suivant l'indice S&P 500 et offrant une exposition aux principales entreprises américaines.

Invesco est un émetteur d'ETF bien établi qui propose une variété d'options d'investissement, y compris des ETF axés sur des secteurs spécifiques, des facteurs de style d'investissement et des stratégies alternatives. Leur suite d'ETF couvre un large éventail de besoins en matière d'investissement pour les investisseurs de détail et institutionnels.

En choisissant un émetteur d'ETF, il est important de prendre en compte divers facteurs tels que la réputation de l'émetteur, la diversité et la qualité de sa gamme d'ETF, ainsi que les frais associés. En comprenant le paysage des émetteurs d'ETF, les investisseurs peuvent prendre des décisions éclairées lors de la construction de leur portefeuille d'investissement.

Les ETF offrent aux investisseurs de nombreux avantages par rapport aux fonds communs de placement, mais présentent également quelques inconvénients à prendre en considération. Les ETF offrent une diversification instantanée, des frais généralement bas, une liquidité élevée et une transparence accrue, ce qui en fait un choix attrayant pour de nombreux investisseurs. Cependant, les investisseurs doivent être conscients du risque de prime ou de décote, de la difficulté à investir de petits montants et de la complexité potentielle de certains ETF.

Que vous choisissiez des ETF, des fonds communs de placement ou une combinaison des deux, il est essentiel de comprendre vos objectifs d'investissement, votre tolérance au risque et les caractéristiques spécifiques de chaque véhicule d'investissement. En faisant preuve de diligence raisonnable et en consultant des professionnels de l'investissement si nécessaire, vous pouvez construire un portefeuille solide et adapté à vos besoins financiers à long terme.

Stratégies d'investissement

Lorsque vous investissez avec des ETF, il existe une multitude de stratégies que vous pouvez adopter pour atteindre vos objectifs financiers. Dans cette section, nous allons explorer trois stratégies d'investissement populaires avec les ETF : le suivi d'indices, l'investissement par secteurs et l'investissement thématique. Nous vous fournirons des conseils pratiques et des exemples concrets pour vous aider à comprendre ces stratégies et à les mettre en œuvre dans votre propre portefeuille d'investissement.

Le suivi d'indices avec les ETF est une stratégie d'investissement simple et efficace qui permet aux investisseurs de bénéficier de la performance globale d'un marché spécifique sans avoir à sélectionner individuellement des actions. Cette approche offre plusieurs avantages, notamment la diversification instantanée, la simplicité de mise en œuvre et des coûts souvent plus faibles que les fonds communs de placement traditionnels.

Lorsque vous choisissez de suivre un indice spécifique avec un ETF, la première étape consiste à identifier l'indice qui correspond le mieux à vos objectifs d'investissement et à votre tolérance au risque. Les indices les plus largement reconnus incluent le S&P 500 aux États-Unis, le FTSE 100 au Royaume-Uni, le DAX en Allemagne et le Nikkei 225 au Japon, entre autres. Chaque indice représente un marché boursier spécifique et offre une exposition à un groupe spécifique d'entreprises.

Une fois que vous avez identifié l'indice que vous souhaitez suivre, vous pouvez rechercher un ETF qui le réplique. De nombreux émetteurs d'ETF proposent des produits conçus pour suivre les principaux indices boursiers du monde entier. Par exemple, l'ETF SPDR S&P 500 (symbole : SPY) réplique l'indice S&P 500, tandis que l'ETF iShares MSCI Emerging Markets (symbole : EEM) suit l'indice MSCI Emerging Markets.

Une fois que vous avez choisi l'ETF approprié, la stratégie consiste à investir régulièrement dans celui-ci pour maintenir une exposition constante au marché cible. Cette approche, connue sous le nom d'investissement périodique ou de dollar-cost averaging, permet aux investisseurs d'acheter des parts de l'ETF à intervalles réguliers, quel que soit le niveau du marché. Cela réduit le risque d'investir une grosse somme d'argent à un moment inopportun et permet de lisser les fluctuations du marché au fil du temps.

L'avantage principal de suivre des indices avec des ETF est la diversification instantanée qu'ils offrent. En investissant dans un seul ETF, les investisseurs bénéficient de l'exposition à un large éventail d'entreprises et de secteurs, ce qui réduit le risque spécifique lié à la détention d'actions individuelles. De plus, cette approche est souvent plus simple et moins coûteuse que la constitution d'un portefeuille d'actions individuelles, ce qui la rend accessible aux investisseurs de tous niveaux d'expérience.

Par ailleurs, investir par secteurs avec les ETF est une stratégie puissante qui permet aux investisseurs de cibler des industries spécifiques de l'économie dans lesquelles ils croient voir un potentiel de croissance ou de valeur. Cette approche offre une exposition ciblée aux tendances économiques et sectorielles spécifiques, tout en permettant une diversification au sein de chaque secteur.

Voici comment mettre en œuvre cette stratégie avec des exemples concrets :

La première étape pour investir par secteurs est d'identifier les industries dans lesquelles vous croyez que la croissance future sera forte ou que vous estimez être sous-évaluées. Par exemple, vous pourriez être optimiste quant à la croissance continue du secteur technologique en raison de l'innovation constante et de la demande croissante pour les produits et services technologiques.

Une fois que vous avez identifié les secteurs que vous souhaitez cibler, recherchez des ETF qui se concentrent sur ces secteurs spécifiques. Par exemple, si vous êtes intéressé par le secteur technologique, vous pourriez envisager d'investir dans l'ETF Technology Select Sector SPDR (symbole : XLK) aux États-Unis, qui offre une exposition aux principales entreprises technologiques américaines telles que Apple, Microsoft et Alphabet.

Avant d'investir, analysez attentivement les composants de l'ETF pour vous assurer qu'il correspond à vos attentes en termes d'exposition sectorielle. Examinez la liste des sociétés incluses dans l'ETF, leur pondération relative et leur performance historique pour évaluer si l'ETF offre l'exposition souhaitée au secteur ciblé.

Une fois que vous avez trouvé un ETF qui correspond à vos critères, investissez dans celui-ci pour obtenir une exposition ciblée au secteur spécifique. Vous pouvez investir une somme forfaitaire ou utiliser une approche d'investissement périodique pour acheter des parts de l'ETF à intervalles réguliers. Cette approche vous permet de lisser les fluctuations du marché et de bénéficier de la croissance potentielle à long terme du secteur ciblé.

Comme pour tout investissement, il est important de surveiller régulièrement la performance de votre ETF sectoriel et de rééquilibrer votre portefeuille si nécessaire pour maintenir une exposition équilibrée aux différents secteurs. Si les conditions du marché ou les fondamentaux du secteur changent, vous pouvez ajuster votre allocation en conséquence pour optimiser votre portefeuille.

Voici quelques exemples concrets avec des chiffres pour illustrer la stratégie d'investissement par secteurs avec les ETF :

Imaginons que vous soyez convaincu de la croissance continue du secteur technologique en raison de l'innovation constante et de la demande croissante pour les produits et services technologiques. Vous décidez d'investir dans l'ETF Technology Select Sector SPDR (symbole : XLK) pour obtenir une exposition au secteur technologique aux États-Unis.

En 2020, l'ETF XLK a enregistré une croissance de 42%, dépassant largement le rendement de l'indice S&P 500, qui a augmenté de 16% au cours de la même période. Cette performance exceptionnelle est alimentée par la forte demande pour les services cloud, les appareils électroniques et les logiciels, ainsi que par les tendances liées à la transformation numérique dans divers secteurs de l'économie.

Supposons que vous anticipiez une croissance significative du secteur des énergies renouvelables en raison de la transition mondiale vers des sources d'énergie plus propres et durables. Vous décidez d'investir dans l'ETF iShares Global Clean Energy (symbole : INRG) pour obtenir une exposition aux entreprises impliquées dans les énergies renouvelables à l'échelle mondiale.

Au cours de l'année dernière, l'ETF INRG a enregistré une croissance impressionnante de 78% en raison de l'augmentation de la demande pour les énergies renouvelables et les technologies propres. Cette croissance est alimentée par les initiatives gouvernementales visant à réduire les émissions de carbone, les investissements dans les infrastructures vertes et la sensibilisation croissante aux problèmes environnementaux.

Ces exemples démontrent comment l'investissement par secteurs avec les ETF peut offrir des opportunités de croissance significatives en capitalisant sur les tendances économiques et sectorielles à long terme. En choisissant des secteurs prometteurs et en investissant de manière disciplinée dans des ETF appropriés, les investisseurs peuvent construire un portefeuille diversifié et aligné sur leurs convictions d'investissement.

Aussi, investir thématiquement avec les ETF est une stratégie dynamique qui permet aux investisseurs de capitaliser sur des tendances sociétales et économiques émergentes, tout en recherchant des opportunités de croissance à long terme. Cette approche consiste à identifier des thèmes d'investissement spécifiques qui vous passionnent ou que vous croyez être porteurs pour l'avenir, puis à rechercher des ETF qui capturent ces thèmes. Voici comment mettre en œuvre cette stratégie avec des exemples concrets et des chiffres :

Supposons que vous souhaitiez investir dans des entreprises qui promeuvent la diversité et l'inclusion sur le lieu de travail. Vous décidez d'investir dans l'ETF SPDR SSGA Gender Diversity Index ETF (symbole : SHE), qui vise à suivre la performance des entreprises qui favorisent l'égalité des sexes et la diversité au sein de leur effectif et de leur direction.

Au cours de la dernière année, l'ETF SHE a enregistré une croissance de 23%, surperformant l'indice S&P 500, qui a augmenté de 16% au cours de la même période. Cette performance solide est soutenue par la reconnaissance croissante de l'importance de la diversité et de l'inclusion dans les entreprises, ainsi que par les avantages économiques et sociaux qui en découlent.

Si vous investissez 10 000 € dans l'ETF SHE en

janvier 2020, à la fin de l'année, la valeur de votre investissement a augmenté à 12 300 €, ce qui représente une croissance de 23% sur votre capital initial.

Maintenant supposons que vous soyez intéressé par les mégatendances démographiques, telles que le vieillissement de la population ou l'urbanisation croissante, et que vous souhaitiez investir dans des entreprises qui bénéficient de ces tendances à long terme. Vous décidez d'investir dans l'ETF Global X Millennials Thematic ETF (symbole : MILN), qui vise à capturer les opportunités liées aux préférences de consommation et au pouvoir économique croissant de la génération Y.

Au cours de la dernière année, l'ETF MILN a enregistré une croissance de 38%, surperformant l'indice S&P 500, qui a augmenté de 16% au cours de la même période. Cette performance solide est soutenue par les habitudes de consommation uniques de la génération Y, telles que la préférence pour les technologies disruptives, les expériences uniques et les marques axées sur la durabilité.

Pour 10 000 € d'investi dans l'ETF MILN en janvier 2020, la valeur de votre investissement a augmenté à 13 800 €, ce qui représente une croissance de 38% sur votre capital initial.

Les ETF offrent une flexibilité et une accessibilité uniques pour mettre en œuvre une variété de stratégies d'investissement. Que vous choisissiez de suivre des indices, d'investir par secteurs ou de vous concentrer sur des thèmes spécifiques, les ETF peuvent vous aider à atteindre vos objectifs financiers de manière efficace et diversifiée. En utilisant ces stratégies avec discernement et en restant fidèle à votre tolérance au risque et à vos convictions d'investissement, vous pouvez construire un portefeuille robuste et adapté à vos besoins.

Enfin, il importe de citer les solutions d'investissements que proposent les banques conventionnelles.

Le Compte-Titres Ordinaire (CTO) est une plateforme d'investissement qui vous permet de détenir et de gérer une variété de titres tels que des actions, des obligations, des fonds communs de placement et des ETF. Contrairement au PEA, le CTO n'est pas soumis à des restrictions en termes de types de titres ou de durée de détention. Cela vous offre une grande flexibilité pour composer votre portefeuille selon vos objectifs et votre profil d'investisseur.

Avec un CTO, vous pouvez bénéficier de plusieurs avantages :

Flexibilité : Vous pouvez acheter et vendre des titres à tout moment sans contrainte de durée de détention.

Diversification : Vous avez accès à un large éventail de

produits financiers pour diversifier votre portefeuille et répartir les risques.

Fiscalité attractive : Les revenus et les plus-values générés sur un CTO sont soumis à l'impôt sur le revenu et aux prélèvements sociaux selon le barème progressif. Par exemple, pour les revenus de capitaux mobiliers, le taux d'imposition varie de 30% à 45%, tandis que les plus-values de cession de titres sont soumises à un taux forfaitaire de 30% après application d'un abattement pour durée de détention.

Le Plan d'Épargne en Actions (PEA) est une solution d'épargne spécifiquement conçue pour investir dans des actions européennes et des fonds éligibles. Le principal avantage du PEA réside dans sa fiscalité avantageuse : les gains réalisés sont exonérés d'impôt sur le revenu après une période de détention de 5 ans, sous réserve de certaines conditions.

En plus de ses avantages fiscaux, le PEA offre d'autres bénéfices :

Avantages fiscaux attractifs : Les gains réalisés sont exonérés d'impôt sur le revenu après 5 ans, ce qui peut représenter une économie significative sur le long terme. De plus, les prélèvements sociaux s'élèvent à 17.2% sur les gains réalisés.

Investissement dans des actions européennes : Vous avez accès à un large choix d'actions européennes et de fonds éligibles pour diversifier votre portefeuille.

Souplesse : Vous pouvez effectuer des versements périodiques ou ponctuels selon vos besoins et votre capacité d'épargne.

En résumé, que vous recherchiez la flexibilité du CTO ou les avantages fiscaux du PEA, ces solutions d'épargne vous offrent des opportunités uniques pour faire fructifier votre argent et atteindre vos objectifs financiers à long terme. Parlez à votre conseiller financier dès aujourd'hui pour découvrir comment intégrer le CTO et le PEA dans votre stratégie d'épargne et d'investissement.

3. LES CRYPTOMONNAIES

Fondamentaux et blockchain

Les cryptomonnaies et la technologie blockchain sont deux innovations majeures qui ont secoué le monde financier et technologique ces dernières années. De Bitcoin à Ethereum en passant par une multitude d'autres projets, ces nouvelles formes de monnaie et de technologie ont captivé l'attention du grand public et des investisseurs du monde entier. Dans cette introduction approfondie, nous explorerons les fondements, les applications et l'impact potentiel de ces deux concepts révolutionnaires.

Les cryptomonnaies, telles que Bitcoin, sont des formes de monnaie numérique qui utilisent la cryptographie pour sécuriser les transactions et contrôler la création de nouvelles unités. Contrairement aux monnaies traditionnelles émises et réglementées par les gouvernements et les institutions financières, les cryptomonnaies sont décentralisées et fonctionnent sur des réseaux informatiques distribués, connus sous le nom de blockchain.

La blockchain, la technologie sous-jacente des cryptomonnaies, est une base de données décentralisée qui enregistre toutes les transactions effectuées sur un réseau donné. Chaque transaction est vérifiée et ajoutée à un bloc de données, qui est ensuite cryptographiquement lié aux blocs précédents, formant ainsi une chaîne de blocs. Cette structure décentralisée garantit la sécurité, la transparence et l'immutabilité des données.

En permettant des transactions rapides, peu coûteuses et sécurisées sans l'intermédiaire d'une tierce partie, les cryptomonnaies offrent une alternative prometteuse aux systèmes de paiement et de transfert d'argent traditionnels. De plus, la technologie blockchain présente un large éventail d'applications potentielles dans des secteurs tels que la finance, la logistique, la santé, l'immobilier et bien d'autres encore.

La blockchain est une technologie révolutionnaire qui sous-tend les cryptomonnaies telles que Bitcoin et Ethereum, mais elle offre également de nombreuses autres applications potentielles au-delà des monnaies numériques. Pour comprendre son fonctionnement, il est utile de la comparer à un grand livre de comptes public et décentralisé.

Imaginez un grand livre de comptes partagé par des milliers d'ordinateurs à travers le monde, appelés nœuds. Chaque nœud possède une copie identique de ce grand livre de comptes, ce qui garantit qu'il n'y a pas de point central de défaillance ou de contrôle. Ce grand livre de comptes enregistre toutes les transactions qui ont lieu sur le réseau.

Chaque transaction est regroupée dans un bloc, qui contient des informations telles que les détails de la transaction, l'heure à laquelle elle a eu lieu, et une référence au bloc précédent. Une fois que ce bloc est créé, il est ajouté à la chaîne de blocs, formant ainsi une séquence chronologique de transactions. C'est pourquoi on l'appelle une "chaîne de blocs".

Ce qui rend la blockchain si sécurisée, c'est son mécanisme de consensus. Pour qu'un nouveau bloc soit ajouté à la chaîne, la majorité des nœuds du réseau doivent être d'accord pour valider et approuver ce bloc. Cela garantit que seules les transactions légitimes sont enregistrées et que personne ne peut modifier rétroactivement les données enregistrées sur la blockchain.

De plus, chaque bloc est cryptographiquement lié au bloc précédent, ce qui rend la modification ou la falsification d'une transaction pratiquement impossible. Si un individu ou un groupe de personnes tentait de modifier une transaction sur un bloc, cela affecterait également tous les blocs suivants, ce qui rendrait la manipulation extrêmement difficile.

En d'autres termes, la blockchain est une base de données décentralisée et immuable qui enregistre toutes les transactions effectuées sur un réseau donné. Sa décentralisation, sa transparence et son immutabilité en font une technologie extrêmement sécurisée et fiable pour une variété d'applications, allant des transactions financières aux contrats intelligents en passant par la gestion des identités numériques.

Investir dans une cryptomonnaie peut être passionnant et lucratif, mais cela nécessite une approche réfléchie et prudente pour assurer la sécurité de vos fonds. Voici quelques grands principes à garder à l'esprit :

Choix du Portefeuille : Sélectionnez un portefeuille sécurisé pour stocker vos cryptomonnaies. Les portefeuilles peuvent être en ligne, mobiles, de bureau ou matériels. Les portefeuilles matériels, tels que Ledger Nano S ou Trezor, offrent généralement le plus haut niveau de sécurité en stockant vos clés privées hors ligne.

Sécurité des Clés Privées : Les clés privées sont essentielles pour accéder et contrôler vos cryptomonnaies. Assurez-vous de garder vos clés privées en sécurité et ne les partagez avec personne. Évitez de les stocker sur des appareils connectés à Internet et utilisez des méthodes de stockage hors ligne pour une sécurité maximale.

Sécurisation de vos Comptes : Protégez vos comptes d'échange et de portefeuille avec des mesures de sécurité telles que l'authentification à deux facteurs (2FA), des mots de passe forts et uniques, et des vérifications régulières des activités suspectes. Assurez-vous également que les plateformes que vous utilisez sont réputées et sécurisées.

Diversification de votre Portefeuille : Ne mettez pas tous vos œufs dans le même panier. Diversifiez votre portefeuille en investissant dans plusieurs cryptomonnaies différentes pour réduire les risques. Considérez également l'inclusion d'autres actifs, tels que des actions ou des fonds indiciels, pour une diversification supplémentaire.

Suivi et Gestion des Investissements : Gardez un œil sur vos investissements et surveillez régulièrement l'évolution du marché. Utilisez des outils d'analyse et des plateformes de trading pour suivre les tendances et prendre des décisions éclairées. Soyez prêt à ajuster votre portefeuille en fonction des changements du marché et de vos objectifs d'investissement.

Restez Prudent et Informé : Méfiez-vous des promesses de rendements élevés avec peu ou pas de risque. Investir dans les cryptomonnaies comporte des risques, et il est important d'être conscient de ces risques et de ne jamais investir plus que ce que vous pouvez vous permettre de perdre. Restez informé sur les développements du marché et gardez un esprit critique face aux informations et conseils que vous recevez.

Vous trouverez-ci-dessous un lexique utile pour comprendre de façon synthétique l'investissement en cryptomonnaies :

- *Cryptomonnaie* : Une monnaie numérique décentralisée qui utilise la cryptographie pour sécuriser les transactions et contrôler la création de nouvelles unités.
- *Blockchain* : Une technologie de registre distribué qui enregistre toutes les transactions effectuées sur un réseau donné de manière sécurisée et transparente.
- *Wallet (Portefeuille)* : Un logiciel ou un appareil utilisé pour stocker, envoyer et recevoir des cryptomonnaies. Il existe différents types de portefeuilles, y compris les portefeuilles en ligne, mobiles, de bureau et matériels.
- *Clé Privée* : Une chaîne de caractères générée aléatoirement qui permet à un utilisateur d'accéder et de contrôler ses cryptomonnaies. Il est essentiel de garder la clé privée en sécurité et de ne jamais la partager avec personne.
- *Exchange (Échange)* : Une plateforme en ligne où les utilisateurs peuvent acheter, vendre et échanger des cryptomonnaies contre d'autres actifs numériques ou des monnaies fiduciaires.
- *Altcoin* : Un terme générique utilisé pour désigner toute cryptomonnaie autre que Bitcoin. Les altcoins incluent des devises telles que Ethereum, Ripple, Litecoin, etc.
- *ICO (Initial Coin Offering)* : Un événement où une nouvelle cryptomonnaie est introduite sur le marché et des jetons sont vendus aux investisseurs pour financer le développement du projet.

- *FOMO (Fear Of Missing Out)* : La peur de rater une opportunité d'investissement potentielle, souvent associée à des mouvements de prix rapides et à des engouements de marché.
- *FUD (Fear, Uncertainty, Doubt)* : Un terme utilisé pour décrire la propagation de peur, d'incertitude et de doute dans le but de manipuler les marchés et d'influencer les décisions d'investissement.
- *HODL* : Un terme populaire dans la communauté des cryptomonnaies qui signifie "Hold On for Dear Life", ou en français "Garder pour chère vie", utilisé pour encourager les investisseurs à conserver leurs cryptomonnaies à long terme malgré les fluctuations du marché.
- *Mining (Minage)* : Le processus de validation et de sécurisation des transactions sur un réseau de blockchain en utilisant des ordinateurs puissants pour résoudre des problèmes mathématiques complexes.
- *Staking* : Un processus qui consiste à détenir et à verrouiller des cryptomonnaies dans un portefeuille afin de soutenir le fonctionnement d'un réseau de blockchain et de recevoir des récompenses en retour.

Principales cryptomonnaies

Les principales cryptomonnaies telles que Bitcoin, Ethereum et d'autres ont acquis une notoriété mondiale et ont joué un rôle majeur dans l'essor de l'écosystème des cryptomonnaies. Ces devises numériques ont des caractéristiques uniques et des cas d'utilisation variés qui les distinguent les unes des autres. Explorons brièvement certaines des principales cryptomonnaies :

Bitcoin (BTC) : Lancé en 2009 par un individu ou un groupe de personnes sous le pseudonyme de Satoshi Nakamoto, Bitcoin est la première et la plus connue des cryptomonnaies. Elle a été conçue comme une monnaie numérique peer-to-peer permettant des transactions rapides, peu coûteuses et décentralisées sans l'intermédiaire d'une autorité centrale.

Ethereum (ETH) : Contrairement à Bitcoin, Ethereum n'est pas seulement une cryptomonnaie, mais aussi une plateforme de contrat intelligent (smart contract) qui permet aux développeurs de construire des applications décentralisées (dApps) sur sa blockchain. Ethereum a introduit le concept de contrats intelligents, qui sont des programmes autonomes qui s'exécutent automatiquement lorsque certaines conditions sont remplies.

Ripple (XRP) : Ripple est une cryptomonnaie conçue pour faciliter les paiements transfrontaliers et les transferts de fonds internationaux. Contrairement à Bitcoin et Ethereum, qui utilisent une approche décentralisée, Ripple fonctionne sur un réseau de validation de transactions dirigé par une entreprise privée appelée Ripple Labs. Son objectif principal est de rendre les paiements internationaux plus rapides, moins coûteux et plus efficaces.

Litecoin (LTC) : Créé en 2011 par Charlie Lee, un ancien employé de Google, Litecoin est souvent considéré comme l'argent numérique pour le Bitcoin. Il partage de nombreuses similitudes avec Bitcoin, mais se distingue par des temps de transaction plus rapides et une limite de fourniture totale plus élevée.

Cardano (ADA) : Cardano est une plateforme de contrat intelligent open source qui vise à offrir une blockchain évolutive, durable et interopérable pour le développement de dApps et de contrats intelligents. Elle se distingue par son approche axée sur la recherche scientifique et son engagement envers la sécurité et la décentralisation.

Ces exemples représentent seulement quelques-unes des nombreuses cryptomonnaies qui existent aujourd'hui sur le marché. Chacune a ses propres caractéristiques uniques, ses cas d'utilisation spécifiques et son écosystème communautaire. En raison de leur popularité croissante et de leur impact sur les marchés financiers et technologiques, ces principales cryptomonnaies continueront probablement à jouer un rôle important dans l'avenir de la finance décentralisée.

Cryptomonnaie	Année	Performance (%)	Volatilité (%)
Bitcoin (BTC)	2020	+300%	80%
	2021	+200%	90%
	2022	-10%	70%
Ethereum (ETH)	2020	+400%	100%
	2021	+500%	110%
	2022	-5%	80%
Ripple (XRP)	2020	+100%	60%
	2021	+150%	70%
	2022	-15%	50%
Litecoin (LTC)	2020	+150%	70%
	2021	+180%	80%
	2022	-8%	60%

Exemples de cryptomonnaise : performance et volatilité en 2020, 2021 et 2022.

Dans le tableau ci-dessus, chaque cryptomonnaie est répertoriée avec ses performances annuelles en pourcentage et sa volatilité moyenne sur la même période. Les données sont présentées pour les années 2020, 2021 et 2022, mais peuvent être étendues à d'autres années selon les besoins d'analyse. Cette vue permet de comparer rapidement les performances et la volatilité des différentes cryptomonnaies sur plusieurs années, ce qui peut être utile pour prendre des décisions d'investissement informées.

Risques et les opportunités

Comme vu précédemment, les cryptomonnaies offrent un potentiel de rendement élevé, mais elles sont également associées à divers risques qu'il est essentiel de prendre en compte avant de s'engager dans cet univers financier en constante évolution.

Volatilité des prix : Pour rappel, la volatilité est l'un des aspects les plus notoires des cryptomonnaies. Les fluctuations brutales des prix peuvent entraîner des gains rapides, mais aussi des pertes importantes en un court laps de temps. Par exemple, en 2017, le prix du Bitcoin a augmenté de façon spectaculaire pour atteindre près de 20 000 dollars, pour ensuite chuter brusquement à moins de 4 000 dollars en 2018. Les investisseurs doivent être préparés à cette volatilité et ne pas investir plus qu'ils ne peuvent se permettre de perdre.

Sécurité et risque de piratage : Les cryptomonnaies sont souvent stockées dans des portefeuilles numériques, qui peuvent être vulnérables aux piratages et aux attaques informatiques. Des plateformes d'échange renommées comme Mt. Gox ont été victimes de piratages massifs, entraînant la perte de millions de dollars pour les investisseurs. Il est essentiel de choisir des plateformes sécurisées et de prendre des mesures de sécurité telles que l'utilisation de portefeuilles hors ligne (cold wallets) pour protéger ses actifs.

Réglementation et incertitude juridique : L'absence de réglementation claire dans de nombreux pays crée une incertitude juridique autour des cryptomonnaies. Les réglementations futures pourraient avoir un impact significatif sur le marché, que ce soit en restreignant l'accès aux cryptomonnaies ou en imposant des obligations fiscales plus lourdes. Par exemple, la Chine a interdit les ICO (Initial Coin Offerings) et les échanges de cryptomonnaies, tandis que d'autres pays comme les États-Unis envisagent des réglementations plus strictes. Il est crucial de suivre de près l'évolution de la réglementation et de se conformer aux lois locales.

Fraudes et escroqueries : L'essor rapide des cryptomonnaies a donné lieu à de nombreuses fraudes et escroqueries. Des projets frauduleux promettant des rendements élevés ont escroqué des investisseurs naïfs. Par exemple, l'affaire Bitconnect a attiré des milliers d'investisseurs avec des promesses de gains extraordinaires, pour finalement s'avérer être une escroquerie de type Ponzi. Il est essentiel de faire preuve de diligence raisonnable et de rester sceptique face aux offres trop belles pour être vraies.

Malgré les risques, les cryptomonnaies offrent également des opportunités uniques pour les investisseurs qui sont prêts à faire preuve de prudence et à comprendre les forces sous-jacentes de ce marché.

Potentiel de rendement élevé : L'un des principaux attrait des cryptomonnaies est leur potentiel de rendement élevé. Certains investisseurs ont réalisé des gains extraordinaires en investissant dans des projets prometteurs à un stade précoce. Par exemple, ceux qui ont investi seulement quelques centaines de dollars dans le Bitcoin il y a une décennie sont aujourd'hui millionnaires. Cependant, il est important de noter que le succès passé ne garantit pas les gains futurs, et que chaque investissement comporte des risques.

Diversification de portefeuille : Les cryptomonnaies offrent une classe d'actifs alternative qui peut aider à diversifier un portefeuille traditionnel composé d'actions et d'obligations. La corrélation souvent faible entre les cryptomonnaies et les autres classes d'actifs peut réduire le risque global du portefeuille. Par exemple, lors des périodes de volatilité sur les marchés boursiers traditionnels, les cryptomonnaies peuvent agir comme un refuge pour les investisseurs à la recherche de diversification.

Innovation technologique et potentiel de perturbation : Les cryptomonnaies sont alimentées par une technologie innovante appelée blockchain, qui promet de perturber de nombreux secteurs, notamment la finance, la logistique et l'immobilier. Les investisseurs peuvent saisir des opportunités de croissance en investissant dans des projets qui exploitent la technologie blockchain pour résoudre des problèmes du monde réel. Par exemple, des projets comme Ethereum offrent une plateforme pour le développement de contrats intelligents et d'applications décentralisées, ouvrant la voie à de nouvelles formes d'organisation et d'échange.

Face aux risques et aux opportunités des cryptomonnaies, voici quelques conseils pour les investisseurs :

- Faites des recherches approfondies : Avant d'investir dans une cryptomonnaie, comprenez bien le projet, son équipe de développement, sa technologie et son cas d'utilisation.

- Comprenez votre tolérance au risque : N'investissez que ce que vous pouvez vous permettre de perdre et tenez compte de votre tolérance personnelle au risque.

- Diversifiez votre portefeuille : Évitez de mettre tous vos œufs dans le même panier en répartissant vos investissements sur différentes cryptomonnaies et classes d'actifs.

- Sécurisez vos actifs : Utilisez des portefeuilles sécurisés et des mesures de sécurité telles que l'authentification à deux facteurs pour protéger vos investissements contre les piratages.

- Soyez conscient des réglementations et des impôts : Tenez-vous informé des réglementations locales concernant les cryptomonnaies et assurez-vous de respecter vos obligations fiscales.

En suivant ces conseils et en restant vigilant, les investisseurs peuvent naviguer dans le monde complexe des cryptomonnaies et saisir les opportunités tout en minimisant les risques.

4. L'IMMOBILIER

Les différents types d'investissement

Plongeons dans le monde du résidentiel, du commercial et du locatif, en examinant comment ces types d'investissement peuvent influencer vos objectifs financiers et votre stratégie globale.

Investissement résidentiel

L'investissement résidentiel est probablement le type le plus familier pour de nombreux investisseurs. Il implique l'achat de biens immobiliers destinés à la résidence des particuliers, tels que des maisons individuelles, des appartements ou des condominiums. Ces propriétés peuvent être achetées dans le but de les louer à des locataires ou de les revendre à profit.

Demande stable : La demande de logements est généralement stable, ce qui signifie que les investisseurs peuvent s'attendre à un flux de revenus relativement constant.

Facilité de gestion : Les propriétés résidentielles sont

souvent plus faciles à gérer que les biens commerciaux, car les locataires sont généralement des particuliers et les problèmes de maintenance sont souvent moins complexes.

Appréciation du capital : Les propriétés résidentielles ont tendance à augmenter en valeur avec le temps, offrant ainsi aux investisseurs la possibilité de réaliser un profit lors de la revente.

Il importe néanmoins d'être conscients de certaines difficultés ou défis qui peuvent s'imposer :

Fluctuations du marché : Bien que les propriétés résidentielles aient tendance à être moins volatiles que les actions, elles ne sont pas immunisées contre les fluctuations du marché immobilier.

Frais de gestion : Bien que la gestion des propriétés résidentielles soit souvent plus simple que celle des biens commerciaux, les investisseurs doivent toujours prendre en compte les coûts associés à la gestion et à l'entretien des biens.

Investissement commercial

L'investissement commercial implique l'achat de biens immobiliers utilisés à des fins commerciales, tels que des bureaux, des centres commerciaux, des entrepôts ou des hôtels. Contrairement à l'investissement résidentiel, les locataires sont souvent des entreprises plutôt que des particuliers.

Revenus potentiels plus élevés : Les biens commerciaux ont souvent un potentiel de revenus plus élevé que les propriétés résidentielles en raison des loyers commerciaux plus élevés.

Durées de bail plus longues : Les locataires commerciaux ont tendance à signer des baux plus longs que les locataires résidentiels, ce qui garantit un flux de revenus plus stable sur une période prolongée.

Diversification du portefeuille : L'investissement dans des biens commerciaux peut offrir une diversification par rapport aux investissements résidentiels, réduisant ainsi le risque global du portefeuille.

Toutefois, certains inconvénient existent également :

Complexité de gestion : La gestion des biens commerciaux peut être plus complexe que celle des propriétés résidentielles en raison des exigences techniques et réglementaires plus élevées.

Sensibilité économique : Les biens commerciaux sont souvent plus sensibles aux fluctuations économiques que les propriétés résidentielles, car ils dépendent souvent de la santé globale de l'économie et de la demande des entreprises.

Investissement locatif

L'investissement locatif consiste à acheter des biens immobiliers dans le but de les louer à long terme. Cela peut inclure la location de maisons individuelles, d'appartements, d'immeubles multifamiliaux ou même de biens commerciaux.

Revenus passifs : L'investissement locatif peut générer un flux de revenus passifs régulier grâce aux loyers perçus des locataires.

Potentiel de croissance du capital : En plus des revenus locatifs, les investisseurs peuvent bénéficier de l'appréciation de la valeur des propriétés au fil du temps.

Avantages fiscaux : Les investisseurs locatifs peuvent bénéficier de divers avantages fiscaux, tels que les déductions pour amortissement et les intérêts hypothécaires déductibles.

A l'instar de l'investissement commercial, l'investissement locatif présente certains défis :

Gestion active : L'investissement locatif nécessite une gestion active, y compris la recherche de locataires, la maintenance de la propriété et la gestion des problèmes liés aux locataires.

Risque de vacance : Les périodes de vacance peuvent réduire le flux de trésorerie et avoir un impact sur la rentabilité globale de l'investissement locatif.

Gestion d'un bien immobilier

La gestion d'un bien immobilier par une agence immobilière est un service essentiel pour de nombreux propriétaires qui ne veulent pas ou ne peuvent pas s'occuper directement de la gestion de leur propriété. Cette gestion implique une gamme de services, allant de la recherche de locataires à la maintenance et à la gestion financière. Pour mieux comprendre ce que cela implique et combien cela peut coûter, examinons en détail chaque aspect de la gestion immobilière par une agence.

L'un des premiers services fournis par une agence immobilière est la recherche de locataires pour le bien immobilier. Cela peut inclure la publicité de la propriété, la sélection des locataires potentiels, la réalisation de visites et la vérification des antécédents.

Supposons que vous ayez un appartement à louer dans une zone urbaine. Une agence immobilière peut facturer un frais équivalent à un mois de loyer pour ce service. Si le loyer mensuel de l'appartement est de 1000 €, le coût de la recherche de locataires serait donc de 1000 €.

Une fois les locataires trouvés, l'agence immobilière gère les aspects administratifs de la location, tels que la rédaction des baux, la collecte des loyers et la gestion des dépôts de garantie.

L'agence immobilière peut facturer un pourcentage du loyer mensuel pour ce service, généralement entre 8% et 12%. Supposons que le loyer mensuel de l'appartement soit de 1000 € et que l'agence facture 10% pour la gestion des locations. Le coût mensuel de ce service serait donc de 100 €.

L'agence immobilière est également responsable de la maintenance et des réparations nécessaires à la propriété. Cela peut inclure tout, de l'entretien courant comme la tonte de la pelouse et le déneigement, à des réparations plus importantes comme la plomberie ou l'électricité.

Le coût de la maintenance et des réparations peut varier en fonction de la nature et de l'âge de la propriété, ainsi que de la fréquence des besoins en entretien. Certains contrats de gestion immobilière incluent un montant forfaitaire mensuel pour la maintenance, tandis que d'autres facturent les services au fur et à mesure qu'ils sont nécessaires. Par exemple, un contrat mensuel de maintenance peut coûter entre 50 € et 200 € par mois, selon l'étendue des services inclus.

Enfin, l'agence immobilière facturera généralement des frais de gestion pour l'ensemble des services fournis. Ces frais peuvent être facturés mensuellement ou annuellement et représentent souvent un pourcentage des revenus locatifs générés par la propriété.

Supposons que l'agence immobilière facture un frais de

gestion annuel équivalent à 8% des revenus locatifs bruts de la propriété. Si le loyer annuel de l'appartement est de 12 000 €, le coût annuel de la gestion serait donc de 960 €.

En résumé, la gestion d'un bien immobilier par une agence immobilière peut être un investissement précieux pour les propriétaires qui cherchent à déléguer les responsabilités liées à la propriété. Les coûts associés à ces services varient en fonction de plusieurs facteurs, notamment la localisation de la propriété, sa taille et l'étendue des services fournis par l'agence. Avant de choisir une agence immobilière, il est important de comparer les tarifs et les services proposés pour s'assurer de trouver la meilleure option pour vos besoins spécifiques.

Par ailleurs, il est important de préciser qu'il existe différents dispositifs mis en place par les gouvernements pour encourager l'investissement, stimuler le marché immobilier ou favoriser l'accès au logement. Ces dispositifs peuvent prendre diverses formes, notamment des incitations fiscales, des subventions ou des programmes de financement spéciaux. Voici quelques-uns des dispositifs les plus courants dans l'immobilier :

La loi Pinel est un dispositif de défiscalisation immobilière en France, introduit en 2014. Elle permet aux investisseurs d'obtenir une réduction d'impôt sur le revenu en investissant dans des logements neufs ou rénovés destinés à la location. Les investisseurs peuvent bénéficier d'une réduction d'impôt pouvant aller jusqu'à 21% du montant de l'investissement, répartie sur une période de location de 6, 9 ou 12 ans.

Le Prêt à Taux Zéro (PTZ) est un dispositif de financement mis en place en France pour aider les ménages à revenus modestes à accéder à la propriété. Ce prêt sans intérêt peut être utilisé pour financer une partie de l'achat d'un logement neuf ou ancien sous certaines conditions, notamment en ce qui concerne les ressources et la localisation du bien.

Le régime LMNP permet aux investisseurs de bénéficier d'avantages fiscaux lorsqu'ils louent des logements meublés. Les revenus locatifs tirés de la location meublée sont imposés dans la catégorie des bénéfices industriels et commerciaux (BIC), ce qui permet de bénéficier d'un régime fiscal avantageux, notamment en matière d'amortissement du bien et de déduction des charges.

Le dispositif Censi-Bouvard est un dispositif de défiscalisation immobilière en France, principalement destiné aux investisseurs dans les résidences de services (résidences étudiantes, résidences pour seniors, etc.). Il permet aux investisseurs de bénéficier d'une réduction d'impôt égale à 11% du montant de l'investissement, répartie sur 9 ans, en échange de la mise en location du bien meublé.

Dans de nombreux pays, il existe des programmes gouvernementaux visant à aider les ménages à revenus modestes à accéder à la propriété. Ces programmes peuvent prendre la forme de subventions directes, de prêts à taux réduit ou de garanties de prêt, et visent à rendre l'achat d'un logement plus accessible pour les populations défavorisées.

Les dispositifs dans l'immobilier sont conçus pour répondre à divers besoins et objectifs, que ce soit pour encourager l'investissement, stimuler le marché immobilier ou faciliter l'accès au logement pour les ménages à revenus modestes. Il est important pour les investisseurs et les acheteurs potentiels de se renseigner sur les différents dispositifs disponibles dans leur pays ou leur région, afin de tirer parti des avantages fiscaux et financiers offerts par ces programmes.

Avantages fiscaux et financiers

La fiscalité joue un rôle crucial dans l'investissement immobilier et peut avoir un impact significatif sur les rendements et la rentabilité d'une propriété. Il est important pour les investisseurs immobiliers de comprendre les implications fiscales de leurs décisions d'investissement et de planifier en conséquence pour minimiser leur fardeau fiscal et maximiser leurs rendements à long terme.

Les impôts fonciers sont des taxes perçues par les autorités locales sur la valeur d'une propriété. Ces impôts sont généralement basés sur l'estimation de la valeur foncière de la propriété par les autorités fiscales locales et sont utilisés pour financer les services publics locaux tels que les écoles, les routes et les services d'incendie.

Supposons que vous possédez une maison d'une valeur de 200 000 € et que le taux d'imposition foncière dans votre région est de 1%. Dans ce cas, vous devrez payer 2 000 € par an en impôts fonciers.

Aussi, l'investissement immobilier offre plusieurs avantages fiscaux qui peuvent aider les investisseurs à réduire leur fardeau fiscal et à maximiser leurs rendements. Parmi les avantages fiscaux les plus courants liés à l'immobilier, on trouve les déductions pour amortissement, les déductions d'intérêts hypothécaires et les déductions pour frais de gestion.

Les propriétaires peuvent déduire une partie de la valeur de leur propriété chaque année en tant qu'amortissement, ce qui peut réduire leur revenu imposable et donc leur facture d'impôts. Par exemple, si la valeur de votre propriété est de 200 000 € et que vous pouvez déduire 2% de cette valeur chaque année, vous pouvez déduire 4 000 € de votre revenu imposable.

Il importe de garder en tête que, lorsque vous vendez

une propriété, vous pourriez être soumis à des impôts sur les gains en capital, qui sont calculés sur la différence entre le prix de vente de la propriété et son prix d'achat initial. Cependant, il existe des exonérations d'impôt sur les gains en capital pour les propriétés résidentielles utilisées comme résidence principale, ainsi que des stratégies fiscales telles que le report d'impôt par le biais d'échanges 1031 pour les investisseurs immobiliers.

Si vous avez acheté une propriété pour 150 000 € et que vous l'avez vendue pour 200 000 €, vous avez réalisé un gain en capital de 50 000 €. Selon les lois fiscales en vigueur, vous pourriez être tenu de payer des impôts sur ce gain en capital, à moins que vous ne bénéficiiez d'une exonération ou que vous n'utilisiez une stratégie de report d'impôt.

Toutefois, Investir dans l'immobilier offre une gamme d'avantages fiscaux et financiers attrayants qui en font une option populaire pour de nombreux investisseurs. Ces avantages peuvent contribuer à augmenter les rendements, à réduire les impôts et à diversifier un portefeuille d'investissement. Dans cette section, nous explorerons les principaux avantages fiscaux et financiers de l'investissement immobilier.

Avantages Fiscaux

Déductions pour Amortissement : Les investisseurs

immobiliers peuvent déduire une partie de la valeur de leur propriété chaque année en tant qu'amortissement, ce qui réduit leur revenu imposable et donc leur facture d'impôts.

Déductions d'Intérêts Hypothécaires : Les intérêts payés sur les prêts hypothécaires utilisés pour financer l'achat d'une propriété peuvent être déductibles d'impôt, ce qui réduit le revenu imposable du propriétaire.

Déductions pour Frais de Gestion : Les frais associés à la gestion d'une propriété, tels que les frais de gestion immobilière et les frais de maintenance, peuvent être déductibles d'impôt pour les investisseurs immobiliers.

Exonération d'Impôt sur les Gains en Capital : Pour les propriétés résidentielles utilisées comme résidence principale, il existe des exonérations d'impôt sur les gains en capital jusqu'à un certain montant, ce qui permet aux propriétaires de réaliser des gains en capital sans payer d'impôts sur ces bénéfices.

Avantages Financiers

Flux de Trésorerie Positif : L'investissement immobilier peut générer un flux de trésorerie positif grâce aux loyers perçus des locataires, ce qui peut fournir un revenu régulier aux investisseurs.

Appréciation de la Valeur : Les propriétés immobilières ont tendance à augmenter en valeur avec le temps, ce qui peut permettre aux investisseurs de réaliser un profit lors de la revente de la propriété à un prix supérieur à celui d'achat initial.

Effet de Levier : L'utilisation de financement par emprunt pour investir dans l'immobilier permet aux investisseurs de contrôler des propriétés d'une valeur beaucoup plus élevée que leur investissement initial, ce qui amplifie les rendements potentiels.

Hedge contre l'Inflation : L'immobilier est souvent considéré comme un hedge naturel contre l'inflation, car les loyers et les valeurs des propriétés ont tendance à augmenter avec l'inflation, ce qui protège la valeur de l'investissement.

L'investissement immobilier offre une gamme d'avantages fiscaux et financiers attrayants qui en font une option intéressante pour de nombreux investisseurs. Ces avantages peuvent contribuer à augmenter les rendements, à réduire les impôts et à diversifier un portefeuille d'investissement, ce qui en fait un élément précieux de toute stratégie d'investissement globale.

Stratégies

Investir dans l'immobilier par l'achat direct de biens immobiliers est une stratégie d'investissement solide et largement pratiquée par de nombreux investisseurs à travers le monde. Cette approche offre un contrôle direct sur l'investissement, permettant aux investisseurs de tirer profit de l'appréciation de la valeur des biens immobiliers, des revenus locatifs et des avantages fiscaux. Dans cette analyse approfondie, nous explorerons en détail l'achat direct de biens immobiliers, y compris les avantages, les défis, les étapes impliquées et les considérations importantes pour les investisseurs.

L'un des principaux avantages de l'achat direct de biens immobiliers est le contrôle total sur l'investissement. En possédant directement la propriété, les investisseurs ont la liberté de prendre des décisions concernant la gestion, la location, la rénovation et la vente de la propriété.

De plus, l'immobilier a historiquement été un actif qui a augmenté en valeur avec le temps. En investissant dans des biens immobiliers, les investisseurs ont la possibilité de bénéficier de l'appréciation de la valeur de la propriété, ce qui peut se traduire par des rendements significatifs à long terme.

En outre, l'achat direct de biens immobiliers offre également la possibilité de générer des revenus locatifs. En louant la propriété à des locataires, les investisseurs peuvent percevoir des loyers réguliers, ce qui peut fournir un flux de trésorerie stable et supplémentaire.

Malgré ses nombreux avantages, l'achat direct de biens immobiliers comporte également des défis et des risques. L'un des principaux défis est l'investissement initial important en fonds propres ou le recours à un financement hypothécaire. L'achat d'une propriété nécessite généralement un investissement initial important, ce qui peut rendre cette stratégie inaccessible pour certains investisseurs.

De plus, la gestion d'une propriété immobilière peut être complexe et exigeante. Les investisseurs sont responsables de la recherche de locataires, de l'entretien de la propriété, de la gestion des problèmes et des réparations, ce qui peut nécessiter du temps, des efforts et des ressources.

En outre, l'investissement immobilier est également soumis à des risques tels que la vacance locative, les fluctuations du marché immobilier, les fluctuations des taux d'intérêt et les coûts imprévus liés à la propriété.

L'achat direct de biens immobiliers implique plusieurs étapes, de la recherche de la propriété à la gestion de celle-ci. Voici un aperçu des principales étapes impliquées dans l'achat direct de biens immobiliers :

Recherche et Analyse : La première étape consiste à rechercher et à analyser les propriétés disponibles sur le marché. Les investisseurs doivent examiner divers facteurs tels que l'emplacement, le prix, les caractéristiques de la propriété et le potentiel de rendement.

Financement : Une fois la propriété sélectionnée, les investisseurs doivent organiser le financement de l'achat. Cela peut impliquer l'utilisation de fonds propres, le recours à un financement hypothécaire ou d'autres options de financement.

Acquisition : Une fois le financement organisé, les investisseurs peuvent procéder à l'acquisition de la propriété en signant un contrat de vente et en effectuant les paiements nécessaires.

Gestion : Une fois la propriété acquise, les investisseurs sont responsables de sa gestion. Cela peut inclure la recherche de locataires, la fixation des loyers, la collecte des loyers, l'entretien de la propriété et la gestion des problèmes.

Suivi et Évaluation : Enfin, les investisseurs doivent surveiller et évaluer régulièrement la performance de la propriété pour s'assurer qu'elle répond à leurs objectifs d'investissement.

Avant de se lancer dans l'achat direct de biens immobiliers, il est important de prendre en compte plusieurs considérations importantes. Tout d'abord, les investisseurs doivent définir clairement leurs objectifs d'investissement et leur tolérance au risque. Cela les aidera à sélectionner les propriétés qui correspondent le mieux à leurs besoins et à leur profil d'investissement.

En outre, les investisseurs doivent être prêts à consacrer du temps et des efforts à la gestion de la propriété. La gestion d'une propriété immobilière peut être exigeante et nécessite un engagement continu pour assurer son succès à long terme.

Le crowdfunding immobilier est une méthode d'investissement relativement nouvelle mais de plus en plus populaire dans le domaine de l'immobilier. Cette approche permet à plusieurs investisseurs de financer collectivement un projet immobilier, généralement par le biais d'une plateforme en ligne dédiée. Contrairement à l'achat direct de biens immobiliers, le crowdfunding immobilier permet aux investisseurs de participer à des projets immobiliers plus importants avec des montants d'investissement plus faibles. Dans cette analyse détaillée, nous examinerons en profondeur le crowdfunding immobilier, y compris son fonctionnement, ses avantages, ses défis et ses considérations importantes pour les investisseurs.

Le crowdfunding immobilier fonctionne généralement de la manière suivante : une plateforme en ligne met en relation les investisseurs avec des promoteurs immobiliers ou des propriétaires de projets à la recherche de financement. Les promoteurs présentent leurs projets sur la plateforme, fournissant des détails tels que l'emplacement, le type de projet, le montant de financement nécessaire et les prévisions de rendement.

Les investisseurs intéressés peuvent examiner les projets disponibles sur la plateforme et décider de participer à ceux qui correspondent à leurs critères d'investissement. Une fois qu'un projet atteint son objectif de financement, les fonds collectés sont généralement utilisés pour acquérir, développer ou rénover la propriété, selon le type de projet.

En échange de leur investissement, les investisseurs reçoivent généralement une part de propriété dans le projet, ainsi que des dividendes ou des intérêts basés sur les revenus générés par la propriété. Une fois que le projet est terminé et que la propriété est vendue ou louée, les investisseurs peuvent récupérer leur investissement initial ainsi que leur part des bénéfices.

Le crowdfunding immobilier offre plusieurs avantages pour les investisseurs :

Accessibilité : Le crowdfunding immobilier permet aux investisseurs de participer à des projets immobiliers plus importants avec des montants d'investissement plus faibles. Cela rend l'investissement immobilier plus accessible à un plus large éventail d'investisseurs, y compris ceux qui n'ont pas les moyens d'acheter des biens immobiliers directement.

Diversification : En investissant dans plusieurs projets immobiliers via une plateforme de crowdfunding, les investisseurs peuvent diversifier leur portefeuille immobilier et réduire leur exposition à un seul projet ou marché.

Potentiel de Rendement : Le crowdfunding immobilier offre un potentiel de rendement attractif grâce à la participation à des projets immobiliers à fort rendement. Les investisseurs peuvent bénéficier de revenus locatifs, de plus-values immobilières et de distributions de bénéfices générées par les projets.

Facilité : Investir via une plateforme de crowdfunding immobilier est généralement plus facile et plus pratique que l'achat direct de biens immobiliers. Les investisseurs peuvent examiner et sélectionner des projets en ligne, effectuer leur investissement et suivre la performance de leurs investissements à partir d'une seule plateforme.

Malgré ses nombreux avantages, le crowdfunding immobilier comporte également des défis et des risques pour les investisseurs :

Risque de Perte : Comme tout investissement, le crowdfunding immobilier comporte un risque de perte en capital. Les projets immobiliers peuvent ne pas atteindre leurs objectifs de rendement, ce qui peut entraîner une perte partielle ou totale de l'investissement pour les investisseurs.

Liquidité Limitée : Les investissements en crowdfunding

immobilier sont généralement moins liquides que les investissements traditionnels en actions ou en obligations. Les investisseurs peuvent ne pas être en mesure de vendre leurs participations dans un projet avant la fin du projet ou la liquidation de la propriété.

Dépendance à la Plateforme : Les investisseurs en crowdfunding immobilier dépendent des plateformes en ligne pour la sélection, l'examen et l'investissement dans les projets. Une défaillance ou une mauvaise gestion de la plateforme pourrait avoir un impact négatif sur les investissements des utilisateurs.

Avant de se lancer dans le crowdfunding immobilier, il est important pour les investisseurs de prendre en compte plusieurs considérations importantes :

Due Diligence : Il est essentiel de réaliser une due diligence approfondie sur les projets immobiliers disponibles sur la plateforme. Cela comprend l'examen des détails du projet, l'analyse des projections financières, l'évaluation de l'emplacement et l'examen de l'expérience et de la réputation des promoteurs immobiliers.

Objectifs d'Investissement : Les investisseurs doivent définir clairement leurs objectifs d'investissement, leur tolérance au risque et leur horizon de placement avant de participer au crowdfunding immobilier. Cela les aidera à sélectionner les projets qui correspondent le mieux à leurs besoins et à leur profil d'investissement.

Diversification : Comme pour tout type d'investissement, la diversification est essentielle en crowdfunding immobilier. Les investisseurs doivent répartir leur capital entre plusieurs projets pour réduire le risque et maximiser les chances de succès à long terme.

Le crowdfunding immobilier offre une alternative attrayante et accessible à l'investissement immobilier traditionnel. En permettant aux investisseurs de participer à des projets immobiliers plus importants avec des montants d'investissement plus faibles, le crowdfunding immobilier ouvre de nouvelles opportunités d'investissement dans le domaine de l'immobilier. Cependant, il est important pour les investisseurs de comprendre les avantages, les défis et les considérations importantes associés au crowdfunding immobilier avant de décider de participer à ce type d'investissement. En réalisant une due diligence approfondie, en définissant des objectifs d'investissement clairs et en diversifiant leur portefeuille, les investisseurs peuvent maximiser leurs chances de succès et réaliser des rendements attractifs dans le crowdfunding immobilier.

Les Real Estate Investment Trusts (REITs) sont des véhicules d'investissement qui offrent aux investisseurs un moyen indirect d'investir dans l'immobilier. Ces entités détiennent, gèrent et exploitent généralement des portefeuilles diversifiés de biens immobiliers, tels que des immeubles de bureaux, des centres commerciaux, des appartements, des hôtels et d'autres types de propriétés. Les REITs peuvent être cotés en bourse ou non cotés, et ils offrent aux investisseurs une exposition au marché immobilier avec des avantages de liquidité et de diversification.

Une caractéristique importante des REITs est leur obligation de distribuer une grande partie de leurs revenus sous forme de dividendes aux actionnaires. En fait, selon la loi fiscale, les REITs doivent distribuer au moins 90 % de leurs revenus imposables sous forme de dividendes pour bénéficier du statut fiscal de REIT. Cela signifie que les REITs peuvent offrir aux investisseurs des rendements de dividende attrayants, ce qui en fait une option populaire pour les investisseurs à la recherche de revenus réguliers.

En investissant dans des REITs, les investisseurs peuvent bénéficier de plusieurs avantages. Tout d'abord, les REITs offrent une liquidité accrue par rapport à l'achat direct de biens immobiliers. Étant donné que les actions de REITs sont cotées en bourse, les investisseurs peuvent acheter et vendre des actions de manière facile et rapide sur le marché boursier. Cela permet aux investisseurs de liquider leur investissement en REITs plus rapidement et plus facilement que s'ils détenaient des biens immobiliers physiques.

De plus, les REITs offrent aux investisseurs une diversification instantanée en leur permettant d'investir dans un portefeuille diversifié de biens immobiliers à travers une seule transaction. Au lieu d'acheter un seul immeuble ou une seule propriété, les investisseurs peuvent acheter des actions de REITs qui détiennent des dizaines voire des centaines de propriétés différentes dans différents secteurs et régions géographiques. Cette diversification réduit le risque spécifique lié à un seul bien immobilier et peut aider à atténuer les fluctuations du marché immobilier.

Les REITs offrent également aux investisseurs un accès à des types de biens immobiliers qui pourraient autrement être difficiles à acquérir ou à gérer individuellement. Par exemple, les investisseurs individuels pourraient avoir du mal à acheter ou à gérer des propriétés commerciales de grande envergure telles que des centres commerciaux ou des immeubles de bureaux. En investissant dans des REITs, les investisseurs peuvent participer à ces types de propriétés sans avoir à s'occuper de la gestion quotidienne.

Enfin, les REITs offrent une transparence et une réglementation accrues pour les investisseurs. Les REITs cotés en bourse sont régulièrement tenus de publier des rapports financiers et des informations sur leurs opérations, ce qui permet aux investisseurs de suivre la performance et la santé financière des REITs. De plus, les REITs sont soumis à des réglementations strictes en matière de gouvernance d'entreprise et de divulgation d'informations, ce qui peut offrir aux investisseurs une plus grande tranquillité d'esprit en matière de transparence et de gestion des risques.

Malgré leurs nombreux avantages, les REITs présentent également des défis et des risques pour les investisseurs. Tout d'abord, les rendements des REITs sont souvent sensibles aux fluctuations du marché boursier, ce qui signifie que les prix des actions de REITs peuvent fluctuer en fonction des conditions du marché financier global, en plus des conditions du marché immobilier. De plus, comme pour tout investissement en actions, les investisseurs dans les REITs sont exposés au risque de perte en capital si le prix des actions diminue.

En outre, les REITs peuvent être soumis à des risques spécifiques au secteur immobilier, tels que le risque locatif, le risque de vacance, le risque de taux d'intérêt et le risque de marché. Par exemple, les REITs détenant des propriétés de vente au détail peuvent être sensibles aux tendances de consommation et à la concurrence des ventes en ligne, tandis que les REITs détenant des propriétés de bureau peuvent être influencés par les tendances du marché de l'emploi et les taux d'occupation.

Enfin, les REITs peuvent être affectés par la gestion et les décisions de l'équipe de direction, tout comme toute entreprise cotée en bourse. Une mauvaise gestion ou des décisions stratégiques mal avisées peuvent avoir un impact négatif sur la performance des REITs et, par conséquent, sur les rendements des investisseurs.

En conclusion, les REITs offrent aux investisseurs un moyen pratique et liquide d'investir dans l'immobilier sans avoir à acheter ou à gérer des propriétés physiques. En offrant une diversification instantanée, des rendements de dividendes attractifs et une transparence accrue, les REITs peuvent constituer une composante précieuse d'un portefeuille d'investissement équilibré. Cependant, les investisseurs doivent également prendre en compte les risques spécifiques aux REITs, ainsi que les conditions du marché immobilier et financier, lorsqu'ils décident d'investir dans ces véhicules d'investissement.

5. LES OPPORTUNITÉS ÉMERGENTES

Dans un monde en perpétuelle évolution, l'investissement est bien plus qu'une simple allocation de ressources financières. C'est une prise de position, un acte d'engagement envers l'avenir. Aujourd'hui, plus que jamais, les investisseurs sont appelés à jouer un rôle crucial dans la création d'un avenir plus durable, plus inclusif et plus prospère pour tous. Dans ce contexte, les opportunités émergentes d'investissement revêtent une importance capitale.

Les secteurs d'avenir

Certains secteurs se démarquent par leur potentiel de croissance et d'innovation. Parmi eux, la technologie, l'énergie renouvelable et la santé occupent une place prépondérante. Ces domaines ne cessent de se développer, portés par les avancées technologiques, les impératifs environnementaux et les besoins de la société. Explorons en détail ces trois secteurs d'avenir, en mettant en lumière leurs opportunités, leurs défis et leur impact sur l'économie mondiale.

La technologie : moteur de transformation

La révolution numérique a profondément modifié notre façon de vivre, de travailler et de communiquer. La technologie est au cœur de cette transformation, stimulant l'innovation dans tous les domaines. Les entreprises technologiques se distinguent par leur capacité à anticiper les besoins du marché et à proposer des solutions disruptives. De la transformation digitale des entreprises à l'intelligence artificielle en passant par la blockchain et l'Internet des objets, les opportunités offertes par le secteur technologique sont vastes et variées.

Les start-ups jouent un rôle crucial dans cet écosystème, en apportant agilité, créativité et rapidité d'exécution. Les incubateurs et les accélérateurs de start-ups fleurissent à travers le monde, soutenant l'innovation et l'entrepreneuriat. Les géants de la technologie, tels que Google, Apple, Facebook et Amazon, continuent également d'investir massivement dans la recherche et le développement, consolidant ainsi leur position de leader sur le marché.

Les géants de la technologie continuent également d'investir massivement dans la recherche et le développement, consolidant ainsi leur position de leader sur le marché. Ces entreprises attirent également l'attention des investisseurs institutionnels et des fonds spéculatifs, qui voient en elles un investissement solide dans un secteur en constante évolution.

Cependant, le secteur technologique n'est pas sans défis. Les questions liées à la protection des données, à la cybersécurité et à l'éthique de l'intelligence artificielle suscitent des préoccupations croissantes. De plus, la concurrence féroce et les cycles d'innovation rapides obligent les entreprises à rester constamment à la pointe pour rester pertinentes sur le marché mondial.

Le potentiel de croissance de la technologie reste immense. De nouveaux domaines d'exploration, tels que la réalité virtuelle, la réalité augmentée et la biotechnologie, ouvrent la voie à de nouvelles opportunités et à de nouvelles découvertes.

L'énergie renouvelable : vers une transition énergétique

Face aux enjeux environnementaux et à l'épuisement des ressources fossiles, l'énergie renouvelable s'impose comme une solution incontournable pour assurer la durabilité de notre planète. Le secteur des énergies renouvelables connaît une croissance exponentielle, portée par la baisse des coûts de production, les avancées technologiques et les politiques de soutien gouvernementales.

L'énergie solaire et l'énergie éolienne sont parmi les sources d'énergie renouvelable les plus prometteuses. Les progrès dans les technologies photovoltaïques et éoliennes ont permis de rendre ces sources d'énergie plus compétitives par rapport aux combustibles fossiles. De plus, l'essor du stockage d'énergie, grâce aux batteries lithium-ion et à d'autres technologies de stockage innovantes, contribue à résoudre le défi de l'intermittence des énergies renouvelables.

Les entreprises du secteur de l'énergie renouvelable se concentrent également sur l'innovation dans les domaines de la bioénergie, de l'hydroélectricité et de l'énergie marémotrice. Ces sources d'énergie alternatives présentent un potentiel considérable pour répondre à la demande croissante en énergie tout en réduisant les émissions de gaz à effet de serre.

La transition vers les énergies renouvelables offre également des opportunités économiques importantes. Elle crée de nouveaux emplois dans les secteurs de la fabrication, de l'installation et de l'entretien des infrastructures énergétiques. De plus, elle stimule l'innovation et encourage l'investissement dans les technologies propres.

Les investisseurs sont de plus en plus attirés par le potentiel de croissance et les perspectives à long terme offerts par le secteur des énergies renouvelables. Les projets d'énergie solaire et éolienne, en particulier, sont devenus des cibles privilégiées pour les investissements en infrastructure et en énergie. Les obligations vertes et les fonds d'investissement spécialisés dans les énergies renouvelables sont de plus en plus populaires auprès des investisseurs soucieux de l'impact environnemental de leurs placements.

La transition vers les énergies renouvelables offre également des opportunités économiques importantes. Elle crée de nouveaux emplois dans les secteurs de la fabrication, de l'installation et de l'entretien des infrastructures énergétiques. De plus, elle stimule l'innovation et encourage l'investissement dans les technologies propres, ce qui en fait un secteur attrayant pour les investisseurs axés sur le développement durable.

La santé : un enjeu majeur de société

La santé est un bien précieux, et l'innovation dans le domaine médical est essentielle pour améliorer la qualité de vie et prolonger l'espérance de vie. Le secteur de la santé connaît une transformation profonde, stimulée par les avancées technologiques, la recherche médicale et les changements démographiques.

Les progrès dans les domaines de la médecine personnalisée, de la génomique et de la thérapie génique ouvrent de nouvelles perspectives pour le traitement des maladies. Les techniques de diagnostic avancées, telles que l'imagerie médicale et les biomarqueurs, permettent une détection précoce et précise des affections médicales. De plus, les dispositifs médicaux connectés et les applications de santé numérique facilitent le suivi des patients et la gestion des maladies chroniques.

Les entreprises pharmaceutiques jouent un rôle central dans l'innovation médicale, en investissant massivement dans la recherche et le développement de nouveaux médicaments et traitements. Les partenariats public-privé et les collaborations internationales sont également cruciaux pour accélérer la mise sur le marché de thérapies innovantes et pour répondre aux besoins médicaux non satisfaits.

Les investisseurs voient dans le secteur de la santé un domaine propice à l'investissement, avec un potentiel de croissance considérable à long terme. Les entreprises pharmaceutiques, les sociétés de biotechnologie et les fabricants de dispositifs médicaux attirent l'attention des investisseurs en quête de rendements stables et de diversification de leur portefeuille. Les fonds d'investissement spécialisés dans le secteur de la santé offrent aux investisseurs la possibilité de participer à la croissance de ce marché tout en bénéficiant de l'expertise et de la gestion professionnelle d'une équipe dédiée.

Les avancées dans les domaines de la médecine personnalisée, de la génomique et de la thérapie génique ouvrent de nouvelles perspectives pour le traitement des maladies et attirent l'attention des investisseurs en capital-risque et des sociétés de capital-investissement. Les partenariats public-privé et les collaborations internationales sont également cruciaux pour accélérer la mise sur le marché de thérapies innovantes et pour répondre aux besoins médicaux non satisfaits.

Cependant, le secteur de la santé est confronté à des défis majeurs, tels que l'accès aux soins de santé, les inégalités en matière de santé et le coût croissant des traitements médicaux. De plus, les questions éthiques liées à la confidentialité des données de santé et à la manipulation génétique soulèvent des préoccupations éthiques et réglementaires.

Malgré ces défis, le secteur de la santé présente un potentiel de croissance significatif, en particulier dans les domaines de la médecine régénérative, de la santé numérique et de la prévention des maladies. En investissant dans l'innovation médicale et en promouvant des politiques de santé publique efficaces, nous pouvons améliorer la santé et le bien-être de millions de personnes à travers le monde.

Les secteurs de la technologie, de l'énergie renouvelable et de la santé représentent l'avenir de l'économie mondiale. Leur capacité à innover, à résoudre des problèmes complexes et à répondre aux besoins de la société en font des moteurs de croissance et de progrès. Cependant, ces secteurs sont également confrontés à des défis majeurs, tels que la concurrence accrue, les contraintes réglementaires et les préoccupations éthiques.

Pour saisir pleinement les opportunités offertes par ces secteurs d'avenir, il est essentiel d'investir dans la recherche et le développement, de promouvoir l'innovation et de favoriser la collaboration entre les différents acteurs. En adoptant une approche holistique et en mettant l'accent sur la durabilité et l'inclusivité, nous pouvons façonner un avenir meilleur pour les générations à venir.

L'investissement durable et responsable

L'investissement durable et responsable (ISR) est devenu un domaine en plein essor dans le paysage financier mondial. Les investisseurs cherchent de plus en plus à allier rentabilité financière et impact environnemental et social positif. Dans cet essai, nous examinerons les tendances émergentes dans l'ISR, en mettant en lumière les changements significatifs qui façonnent l'avenir de l'investissement responsable.

La montée en puissance de l'ESG : L'ESG, qui fait référence aux critères environnementaux, sociaux et de gouvernance, est devenu un élément clé de l'ISR. Les investisseurs intègrent de plus en plus ces critères dans leur processus de prise de décision afin d'évaluer les risques et les opportunités liés à la durabilité d'une entreprise. Les entreprises qui adoptent des pratiques durables et responsables sont de plus en plus favorisées par les investisseurs, ce qui les incite à améliorer leur performance ESG.

L'essor des investissements à impact : Les investissements à impact visent à générer un impact social ou environnemental positif, en plus d'un rendement financier. Ces investissements sont axés sur des secteurs tels que l'éducation, la santé, l'énergie propre et l'inclusion financière. Les investisseurs recherchent des opportunités qui offrent des solutions innovantes à des problèmes sociaux et environnementaux tout en générant des rendements financiers attractifs à long terme.

L'engagement actionnarial : L'engagement actionnarial consiste à utiliser la propriété d'actions pour influencer les pratiques des entreprises en matière de durabilité et de responsabilité sociale. Les investisseurs utilisent leur pouvoir de vote lors des assemblées générales des actionnaires pour promouvoir des politiques et des pratiques plus durables, telles que la réduction des émissions de carbone, la diversité au sein des conseils d'administration et la transparence en matière de gouvernance.

La montée en puissance de l'investissement thématique : L'investissement thématique consiste à investir dans des secteurs spécifiques qui répondent à des défis sociaux et environnementaux majeurs. Les thèmes populaires incluent les énergies renouvelables, l'eau, la santé et la technologie propre. Les investisseurs sont attirés par ces thèmes en raison de leur potentiel de croissance à long terme et de leur contribution à des objectifs de durabilité.

L'intégration de l'ISR dans les produits financiers traditionnels : L'ISR est de plus en plus intégré dans une gamme de produits financiers traditionnels, tels que les fonds indiciels, les fonds négociés en bourse (ETF) et les fonds communs de placement. Les investisseurs ont désormais accès à une gamme diversifiée d'options d'investissement durable, ce qui leur permet de personnaliser leur portefeuille en fonction de leurs valeurs et de leurs objectifs financiers.

La demande croissante des investisseurs individuels : Les investisseurs individuels jouent un rôle de plus en plus important dans la promotion de l'ISR. Les particuliers cherchent des moyens de canaliser leur argent vers des investissements qui ont un impact positif sur le monde, tout en générant des rendements financiers compétitifs. Les plateformes en ligne et les applications mobiles facilitent l'accès à des produits d'investissement durable et permettent aux investisseurs individuels de s'engager activement dans la gestion de leur portefeuille.

Repérer et saisir les opportunités

Repérer et saisir les opportunités d'investissement de demain nécessite à la fois une vision stratégique, une analyse minutieuse et une dose de courage. Les investisseurs prospères ne se contentent pas de suivre les tendances actuelles, ils anticipent les changements à venir et identifient les opportunités émergentes qui façonneront l'avenir. Dans cet essai, nous explorerons les stratégies et les conseils pratiques pour repérer et saisir ces opportunités, en utilisant des illustrations concrètes pour illustrer nos propos.

La première étape pour repérer les opportunités d'investissement de demain consiste à analyser les tendances macroéconomiques. Cela inclut l'examen des changements démographiques, des évolutions technologiques, des politiques gouvernementales et des tendances sociales. Par exemple, le vieillissement de la population dans de nombreux pays ouvre des opportunités d'investissement dans les soins de santé, les technologies adaptées aux seniors et les services de gestion de la retraite.

L'augmentation de l'espérance de vie et la demande croissante de solutions de santé innovantes ont stimulé les investissements dans les entreprises biotechnologiques axées sur le développement de traitements contre les maladies liées au vieillissement.

Une fois que les tendances macroéconomiques sont identifiées, il est important d'identifier les secteurs spécifiques qui sont en croissance et qui présentent un fort potentiel de rendement. Cela peut inclure des secteurs émergents comme les énergies renouvelables, la technologie de la blockchain, ou les biotechnologies, ainsi que des secteurs plus établis qui bénéficient de nouvelles opportunités de croissance.

L'émergence de l'intelligence artificielle a ouvert de nouvelles opportunités d'investissement dans des domaines tels que les véhicules autonomes, la santé numérique et l'analyse prédictive, offrant ainsi des rendements attractifs pour les investisseurs.

Les changements réglementaires et les politiques gouvernementales peuvent avoir un impact significatif sur certains secteurs et industries. Les investisseurs doivent surveiller de près ces évolutions pour repérer les opportunités d'investissement et anticiper les risques potentiels. Par exemple, les initiatives gouvernementales visant à promouvoir les énergies renouvelables peuvent créer des opportunités d'investissement dans les sociétés spécialisées dans les énergies propres.

Les incitations fiscales et les subventions

gouvernementales ont contribué à stimuler les investissements dans l'énergie solaire, faisant de cette industrie l'un des secteurs les plus dynamiques du marché de l'énergie.

Parfois, les meilleures opportunités d'investissement se trouvent là où les autres n'osent pas regarder. Adopter une approche contrariante peut permettre aux investisseurs de repérer des occasions sous-évaluées ou négligées par le marché. Cela peut impliquer d'investir dans des secteurs impopulaires ou des entreprises malmenées par les investisseurs, mais qui présentent un potentiel de redressement significatif à long terme.

Pendant les périodes de crise économique, les investisseurs contrariants peuvent repérer des actions sous-évaluées dans des secteurs cycliques tels que l'immobilier ou l'industrie manufacturière, offrant ainsi des rendements supérieurs lorsque l'économie se redresse.

Enfin, pour saisir les opportunités d'investissement de demain de manière efficace, il est essentiel de diversifier le portefeuille. La diversification permet de réduire les risques spécifiques liés à une entreprise ou à un secteur particulier, tout en capturant les rendements potentiels offerts par une gamme d'investissements différents. Cela peut inclure des actions, des obligations, des matières premières, des biens immobiliers et d'autres classes d'actifs.

Un investisseur diversifié peut profiter des opportunités de croissance dans les marchés émergents tout en réduisant les risques grâce à une exposition équilibrée à des actifs plus stables dans les économies développées.

Repérer et saisir les opportunités d'investissement de demain exige une combinaison de vision, d'analyse et de prise de risque. En suivant ces conseils pratiques et en restant à l'affût des évolutions du marché, les investisseurs peuvent positionner

6. LES NOUVELLES VOIES

Les matières premières

Les matières premières jouent un rôle crucial dans l'économie mondiale, alimentant la croissance industrielle, l'innovation technologique et le développement humain. L'investissement dans les matières premières, telles que l'or, le pétrole, les métaux précieux et les produits agricoles, est une stratégie courante pour diversifier les portefeuilles d'investissement et se protéger contre l'inflation. Dans cet essai, nous explorerons les aspects clés de l'investissement dans les matières premières, en mettant l'accent sur les opportunités, les risques et les stratégies pour les investisseurs.

L'or : L'or a longtemps été considéré comme une valeur refuge en période d'incertitude économique et de volatilité sur les marchés financiers. En tant que métal précieux rare et indestructible, l'or conserve sa valeur au fil du temps et est souvent utilisé comme protection contre l'inflation et les crises monétaires. Les investisseurs achètent de l'or sous forme de lingots, de pièces de monnaie ou de contrats à terme pour diversifier leur portefeuille et se protéger contre les fluctuations des devises et des marchés boursiers.

Pendant les périodes de crise financière, la demande d'or augmente souvent car les investisseurs cherchent des actifs sûrs pour protéger leur richesse. En 2008, lors de la crise économique mondiale, le prix de l'or a atteint des niveaux record en raison de sa réputation de valeur refuge.

Le pétrole : Le pétrole est l'une des matières premières les plus importantes au monde, étant la principale source d'énergie pour les transports, l'industrie et l'électricité. L'investissement dans le pétrole peut prendre différentes formes, y compris l'achat d'actions de sociétés pétrolières, de contrats à terme sur le pétrole brut ou d'ETF (fonds négociés en bourse) spécialisés dans le secteur de l'énergie. Les prix du pétrole sont influencés par des facteurs tels que l'offre et la demande mondiales, les tensions géopolitiques et les décisions des principaux producteurs de pétrole.

La pandémie de COVID-19 a entraîné une baisse spectaculaire de la demande mondiale de pétrole, provoquant une chute des prix et des perturbations majeures sur les marchés pétroliers mondiaux. Les investisseurs ont dû naviguer dans un environnement de marché volatil et incertain pour gérer leurs investissements dans le secteur pétrolier.

Les métaux précieux : Les métaux précieux, tels que l'argent, le platine et le palladium, ont une double utilité en tant que matières premières industrielles et en tant que valeurs refuge. L'argent, par exemple, est largement utilisé dans l'industrie électronique, les panneaux solaires et la fabrication de bijoux, tout en étant considéré comme une alternative à l'or pour les investisseurs cherchant une protection contre l'inflation. Les prix des métaux précieux sont influencés par la demande industrielle, les conditions économiques mondiales et les mouvements des devises.

La demande croissante de métaux précieux dans les secteurs de la technologie propre et des énergies renouvelables a stimulé les investissements dans des métaux tels que le lithium, le cobalt et le graphite, qui sont essentiels à la fabrication de batteries pour véhicules électriques et systèmes de stockage d'énergie.

Les produits agricoles : Les produits agricoles, tels que le blé, le maïs, le café et le cacao, constituent une classe d'actifs diversifiée offrant des opportunités d'investissement uniques. Les prix des produits agricoles sont influencés par des facteurs tels que les conditions météorologiques, les rendements des cultures, les politiques agricoles et la demande mondiale de nourriture et de biocarburants. Les investisseurs peuvent accéder aux marchés des produits agricoles via des contrats à terme, des ETF agricoles et des fonds de placement spécialisés dans le secteur agricole.

Les fluctuations des prix des produits agricoles peuvent avoir un impact significatif sur les économies nationales et mondiales, affectant les coûts alimentaires, la sécurité alimentaire et la stabilité politique. Les investisseurs surveillent de près les conditions météorologiques, les rapports sur les stocks et les politiques gouvernementales pour anticiper les mouvements des prix des produits agricoles.

L'investissement dans les matières premières offre aux investisseurs la possibilité de diversifier leur portefeuille, de se protéger contre l'inflation et de tirer parti des tendances économiques mondiales. Cependant, il est important de comprendre les caractéristiques uniques de chaque matière première, ainsi que les facteurs qui influencent les prix et la volatilité sur les marchés des matières premières. En adoptant une approche prudente et bien informée, les investisseurs peuvent saisir les opportunités offertes par l'investissement dans les matières premières pour optimiser leurs rendements et atteindre leurs objectifs financiers à long terme.

Les œuvres d'art et les objets de collection

L'investissement dans les œuvres d'art et les objets de

collection constitue un domaine fascinant et souvent lucratif qui attire l'intérêt de nombreux investisseurs à travers le monde. Cette forme d'investissement offre une opportunité unique de fusionner passion et potentiel de rendement financier, tout en contribuant à préserver le patrimoine culturel et artistique.

L'attrait de l'investissement dans les œuvres d'art et les objets de collection réside dans sa capacité à diversifier un portefeuille d'investissement traditionnel. En acquérant des peintures, des sculptures, des antiquités, des pièces de monnaie, des timbres, des voitures de collection ou d'autres objets rares, les investisseurs peuvent élargir leur exposition à des actifs tangibles qui ne sont pas nécessairement corrélés aux marchés financiers traditionnels.

Un aspect intéressant de l'investissement dans les œuvres d'art et les objets de collection est sa capacité à générer des rendements attractifs sur le long terme. De nombreuses œuvres d'art et objets de collection ont augmenté de valeur au fil des ans, parfois de manière spectaculaire, ce qui en fait des investissements rentables pour ceux qui ont la capacité de les identifier et de les acquérir au bon moment.

Cependant, investir dans les œuvres d'art et les objets de collection présente également des défis uniques. Tout d'abord, la valeur de ces actifs est souvent subjective et peut être influencée par des facteurs tels que les tendances du marché, les goûts des collectionneurs et les opinions des experts en art. Cette nature subjective peut rendre l'investissement dans les œuvres d'art et les objets de collection plus risqué que d'autres formes d'investissement.

De plus, le marché de l'art et des objets de collection peut être volatile, avec des fluctuations de prix importantes en fonction des conditions économiques, des ventes aux enchères et des tendances du marché. Les investisseurs doivent être prêts à supporter cette volatilité et à adopter une stratégie d'investissement à long terme pour minimiser les risques liés à la fluctuation des prix.

Un autre défi majeur de l'investissement dans les œuvres d'art et les objets de collection est la question de l'authenticité et de la provenance. En raison de la valeur élevée de ces objets, le marché est souvent confronté à des problèmes de fraude et de contrefaçon. Il est essentiel pour les investisseurs de faire preuve de diligence raisonnable et de s'assurer de l'authenticité et de la provenance des objets avant de les acquérir.

Malgré ces défis, l'investissement dans les œuvres d'art et les objets de collection peut être une stratégie lucrative pour diversifier un portefeuille d'investissement et générer des rendements attractifs sur le long terme. En choisissant judicieusement les pièces à acquérir, en suivant de près les tendances du marché et en faisant preuve de prudence, les investisseurs peuvent potentiellement réaliser des rendements attractifs tout en appréciant la beauté et l'histoire des objets qu'ils possèdent.

Voici quelques exemples concrets d'investissement dans les œuvres d'art et les objets de collection :

Peintures d'artistes renommés : Les œuvres d'artistes célèbres comme Pablo Picasso, Vincent van Gogh, Claude Monet et Andy Warhol sont souvent recherchées par les collectionneurs et les investisseurs. Par exemple, en 2015, une peinture de Picasso intitulée "Les Femmes d'Alger (Version 'O')" a été vendue aux enchères pour plus de 179 millions de dollars, établissant ainsi un nouveau record pour une œuvre d'art vendue aux enchères.

Antiquités et objets historiques : Les antiquités et les objets historiques, tels que les artefacts anciens, les pièces de monnaie rares et les artefacts archéologiques, peuvent également être des investissements précieux. Par exemple, en 2007, une pièce de monnaie en or de 1933, connue sous le nom de "Double Eagle", a été vendue aux enchères pour plus de 7,5 millions de dollars, faisant d'elle la pièce de monnaie la plus chère au monde.

Voitures de collection : Les voitures anciennes et de collection sont également très prisées par les investisseurs. Les modèles rares et bien entretenus peuvent atteindre des prix élevés sur le marché des ventes aux enchères. Par exemple, en 2018, une Ferrari 250 GTO de 1962 a été vendue aux enchères pour plus de 48 millions de dollars, établissant ainsi un nouveau record pour une voiture de collection.

Timbres rares : Les timbres rares et historiques sont recherchés par les collectionneurs du monde entier. Les timbres les plus rares et les plus précieux peuvent valoir des millions de dollars sur le marché des ventes aux enchères. Par exemple, en 2014, un timbre britannique appelé "Penny Black" de 1840 a été vendu aux enchères pour plus de 9 millions de dollars.

Art contemporain et installations artistiques : Outre les œuvres d'art classiques, l'art contemporain et les installations artistiques sont de plus en plus prisés par les collectionneurs et les investisseurs. Les œuvres d'artistes contemporains émergents peuvent offrir un potentiel de rendement élevé sur le marché de l'art. Par exemple, en 2020, une sculpture de l'artiste américain Jeff Koons intitulée "Rabbit" a été vendue aux enchères pour plus de 91 millions de dollars, établissant ainsi un nouveau record pour une œuvre d'art contemporaine vendue aux enchères.

Ces exemples illustrent la diversité des opportunités d'investissement dans les œuvres d'art et les objets de collection, ainsi que le potentiel de rendement financier offert par ces actifs uniques. Cependant, il est important pour les investisseurs de faire preuve de diligence raisonnable et de consulter des experts avant de s'engager dans ce domaine complexe et souvent volatile.

Les startups et les entreprises en croissance

Les startups se caractérisent par plusieurs traits distinctifs qui les différencient des entreprises plus établies. Voici quelques-unes des principales caractéristiques des startups :

Innovation et originalité : Les startups sont souvent fondées sur des idées nouvelles et innovantes. Elles cherchent à résoudre des problèmes existants de manière nouvelle ou à répondre à des besoins non satisfaits sur le marché. Leur capacité à innover et à proposer des solutions uniques est au cœur de leur proposition de valeur.

Croissance rapide : Les startups ont généralement un potentiel de croissance exponentielle. Elles cherchent à se développer rapidement en acquérant de nouveaux clients, en élargissant leur portée géographique ou en lançant de nouveaux produits ou services. Cette croissance rapide est souvent facilitée par l'utilisation de technologies émergentes ou de modèles commerciaux disruptifs.

Flexibilité et agilité : Les startups sont généralement flexibles et agiles, capables de s'adapter rapidement aux changements du marché et aux nouvelles opportunités. Elles ont souvent une structure organisationnelle plate, ce qui leur permet de prendre des décisions rapidement et d'agir avec souplesse pour saisir les opportunités qui se présentent.

Orientation vers le marché : Les startups sont souvent axées sur le marché, cherchant à comprendre les besoins et les désirs de leurs clients et à y répondre de manière efficace. Elles sont souvent engagées dans un processus itératif d'itération et d'amélioration de leurs produits ou services en fonction des commentaires des clients et des données du marché.

Culture entrepreneuriale : Les startups ont généralement une culture d'entreprise dynamique et orientée vers l'innovation. Elles encouragent souvent la prise de risques, la créativité et l'initiative individuelle chez leurs employés. Les fondateurs et les employés des startups sont souvent passionnés par leur mission et leur vision, ce qui contribue à créer un environnement de travail motivant et stimulant.

Financement initial : Les startups ont souvent besoin de financement initial pour démarrer leurs activités et financer leur croissance. Elles peuvent obtenir ce financement auprès de différentes sources, telles que les investisseurs providentiels, les capitaux-risqueurs, les subventions gouvernementales ou les programmes d'accélération d'entreprises.

Risque élevé : En raison de leur nature innovante et de leur croissance rapide, les startups sont souvent confrontées à un risque élevé d'échec. Beaucoup de startups ne parviennent pas à survivre au-delà de leurs premières années en raison de difficultés telles que la concurrence, les problèmes de financement ou les erreurs stratégiques.

En résumé, les startups se distinguent par leur capacité à innover, leur croissance rapide, leur agilité organisationnelle et leur culture entrepreneuriale. Bien que le chemin vers le succès soit souvent semé d'embûches, les startups offrent également un potentiel de création de valeur significatif pour les investisseurs et un impact transformateur sur les marchés et les industries dans lesquelles elles opèrent.

Investir dans les startups et les entreprises en croissance est devenu un domaine d'investissement attractif pour de nombreux investisseurs à travers le monde. Ces investissements offrent souvent un potentiel de rendement élevé, une opportunité de participer à l'innovation et à la création d'emplois, ainsi qu'une chance de soutenir des entrepreneurs ambitieux dans la réalisation de leurs visions.

A présent, explorons les différentes facettes de l'investissement dans les startups et les entreprises en croissance, en mettant en lumière les opportunités, les défis et les meilleures pratiques pour les investisseurs.

Le paysage des startups et des entreprises en croissance est dynamique et en constante évolution. Ces entreprises se caractérisent souvent par leur agilité, leur capacité à innover rapidement et leur potentiel de croissance exponentielle. Elles opèrent généralement dans des secteurs tels que la technologie, les biotechnologies, les fintech, l'intelligence artificielle, les énergies propres et bien d'autres encore. Ces entreprises attirent souvent l'attention des investisseurs en raison de leur capacité à perturber les marchés établis et à créer de la valeur à grande échelle.

Investir dans les startups et les entreprises en croissance offre de nombreux avantages aux investisseurs. Tout d'abord, ces investissements offrent un potentiel de rendement élevé. En investissant dans une entreprise à un stade précoce de son développement, les investisseurs peuvent bénéficier d'une croissance significative de la valeur de leur investissement si l'entreprise réussit à atteindre ses objectifs de croissance. De plus, investir dans les startups permet aux investisseurs de participer à l'innovation et à la création d'emplois, ce qui peut avoir un impact positif sur la société dans son ensemble.

Malgré les opportunités offertes par l'investissement dans les startups, cela comporte également des défis importants. Tout d'abord, les startups sont souvent confrontées à un risque élevé d'échec. En raison de leur nature innovante et de leur position sur des marchés émergents, de nombreuses startups échouent dans les premières années de leur existence. De plus, l'investissement dans les startups peut être un processus complexe et exigeant, nécessitant une diligence raisonnable approfondie, une compréhension des risques et des opportunités, ainsi qu'un réseau solide pour accéder aux meilleures opportunités d'investissement.

Pour réussir dans l'investissement dans les startups et les entreprises en croissance, il est essentiel de suivre certaines meilleures pratiques. Tout d'abord, il est important de diversifier son portefeuille en investissant dans un certain nombre de startups plutôt que de concentrer ses investissements sur une seule entreprise. De plus, il est crucial de mener une diligence raisonnable approfondie sur chaque opportunité d'investissement pour évaluer le potentiel de croissance, la compétitivité du marché, l'équipe de direction et d'autres facteurs clés de succès. Enfin, il est recommandé de s'engager activement avec les entreprises dans lesquelles vous investissez en apportant votre expertise, vos conseils et vos contacts pour les aider à réussir.

En conclusion, investir dans les startups et les entreprises en croissance peut être une stratégie d'investissement lucrative pour les investisseurs qui sont prêts à assumer un certain niveau de risque. En suivant les meilleures pratiques et en étant prudent dans le processus d'investissement, les investisseurs peuvent potentiellement réaliser des rendements attractifs tout en soutenant l'innovation et la croissance économique.

CHER INVESTISSEUR,

C'est avec gratitude et émotion que je vous adresse ce message de fin, clôturant ainsi notre voyage à travers les différentes facettes de l'investissement. Nous avons parcouru ensemble un chemin riche en découvertes sur les opportunités et les défis que présente le monde de l'investissement.

J'espère sincèrement que ce livre vous a inspiré à explorer de nouvelles voies d'investissement et vous a donné les outils nécessaires pour prendre des décisions éclairées en matière de gestion de patrimoine.

Que vous soyez un investisseur novice ou expérimenté, souvenez-vous de rester curieux, de maintenir une approche équilibrée et de prendre des décisions basées sur une analyse approfondie et une compréhension claire de vos objectifs financiers.

Je tiens à exprimer ma profonde gratitude à tous ceux qui ont contribué à la réalisation de ce livre, ainsi qu'à vous, chers lecteurs. Que votre parcours d'investissement soit rempli de succès, de croissance et d'accomplissement.

Avec mes meilleurs vœux de réussite,

Dennis

Notes personnelles

www.ingramcontent.com/pod-product-compliance
Lightning Source LLC
Chambersburg PA
CBHW071212240526
45470CB00018B/1807